河北省社会科学基金课题：后脱贫时期河北省深■
研究，编号：HB20YJ041。

巩固脱贫成果、助力乡村振兴研究

聂燕敏◎著

吉林大学出版社

·长春·

图书在版编目（CIP）数据

巩固脱贫成果、助力乡村振兴研究 / 聂燕敏著 . --
长春：吉林大学出版社，2024.3
　ISBN 978-7-5768-2039-3

　Ⅰ.①巩… Ⅱ.①聂… Ⅲ.①扶贫—研究—中国②农
村—社会主义建设—研究—中国 Ⅳ.① F126 ② F320.3

　中国国家版本馆 CIP 数据核字 (2023) 第 170990 号

书　　名　巩固脱贫成果、助力乡村振兴研究
　　　　　GONGGU TUOPIN CHENGGUO 、ZHULI XIANGCUN ZHENXING YANJIU
作　　者　聂燕敏　著
策划编辑　殷丽爽
责任编辑　殷丽爽
责任校对　安　萌
装帧设计　守正文化
出版发行　吉林大学出版社
社　　址　长春市人民大街 4059 号
邮政编码　130021
发行电话　0431-89580028/29/21
网　　址　http:// www. jlup. com. cn
电子邮箱　jldxcbs@ sina. com
印　　刷　天津和萱印刷有限公司
开　　本　787mm × 1092mm　1/16
印　　张　11.75
字　　数　200 千字
版　　次　2024 年 3 月　第 1 版
印　　次　2024 年 3 月　第 1 次
书　　号　ISBN 978-7-5768-2039-3
定　　价　72.00 元

作者简介

聂燕敏 硕士研究生，毕业于华北电力大学。现任河北金融学院金融创新与风险管理研究中心、河北金融学院信息工程与计算机学院副教授。研究方向：大数据技术赋能乡村振兴，数字经济。

前　言

　　带领全体人民实现共同富裕一直是我国社会主义建设的伟大目标，脱贫工作始终是党和国家的基本工作内容。党的十八大后，党中央更将脱贫攻坚作为新时代治国理政的重点所在，将其作为实现全面建成小康社会目标的底线，展开了脱贫攻坚战，将以人为本的理念贯彻落实于具体工作，最终实现了里程碑式的跨越。在党和人民的共同努力之下，我国实现了脱贫攻坚战的全面胜利，以习近平同志为核心的党中央在中央一号文件中强调全力推进乡村振兴建设，体现出三农工作重心已转移到乡村振兴。在胜利的背后，凝结着上下同心、团结攻坚的建德力量，彰显着精准务实，开拓创新的时代精神。

　　当前，关键要把思想和行动统一到国务院部署要求上来，以积极的态度和行动迎接风险和挑战，将之转化为发展的机遇和动力。对脱贫攻坚的成果进行巩固和拓展，继续稳步开展乡村建设，以保证能够在目标时间内高效优质地实现目标，促进经济社会的健康发展。巩固拓展脱贫攻坚成果，实施好振兴行动，高质量推动乡村产业发展，扎实推进乡村建设，进一步将深入开展乡村振兴战略的理念和思路梳理清晰，着力进行机制方法研究，强化对"协调一致、一抓到底"的工作体系的构建。巩固脱贫政策成果的保障措施是实施乡村振兴战略，达到乡村振兴战略的基础是脱贫攻坚战略，实现脱贫攻坚与乡村振兴的有效衔接可以进一步发挥两种战略带来的效益，从而形成优势互补的局面，现今需要重视和解决的是怎样对脱贫攻坚的有效成果进行巩固和提升，从而有序达成乡村振兴。

　　已有对于脱贫攻坚与乡村振兴有效衔接的论述大多立足于宏观视角，对于具体路径的探讨不够深入，因此需要进一步探寻切入点。全书共分为五大章节，第一章为脱贫攻坚战概述，包括脱贫攻坚战的提出、脱贫攻坚的精神与重点工作、脱贫攻坚的制度体系、脱贫攻坚的经验；第二章为乡村振兴战略概述，从乡村振兴战略的提出与定位入手，介绍了乡村振兴战略的目标任务和乡村振兴战略的农村发展愿景；第三章从三个方面介绍了大数据背景下的脱贫攻坚，包括大数据技术的简介、脱贫攻坚中大数据的功能作用、大数据背景下巩固脱贫机制存在的问题；第四章为大数据技术助力乡村振兴，分别从大数据与乡村整体发展、大数据与农产品贸易、大数据与农业种植养殖、大数据与农村金融的交互四个方面进行阐述。第五章为巩固脱贫成果、促进乡村振兴的建议，包括建立健全巩固拓展脱贫攻坚成果机制、做好脱贫地区有效衔接的工作、健全农村低收入人口常态化帮扶机制、提升脱贫地区整体发展、脱贫攻坚与乡村振兴政策的有效衔接、脱贫攻坚与乡村振兴工作机制的有效衔接六个方面的内容。

在撰写本书的过程中，作者得到了许多专家学者的帮助和指导，参考了大量的学术文献，在此表示真诚的感谢。由于作者水平有限，书中难免会有疏漏之处，希望广大同行及时指正。

作者

2022 年 12 月

目　录

第一章 脱贫攻坚战概述

第一节 脱贫攻坚战的提出

中华人民共和国成立以来，中国共产党带领人民持续与贫困作斗争。经过改革开放以来的努力，成功走出了一条中国特色扶贫开发道路，使 7 亿多农村贫困人口成功脱贫，为全面建成小康社会打下了坚实基础。中国成为世界上减贫人口最多的国家，也是世界上率先完成联合国千年发展目标的国家。

长期以来，习近平同志一直高度重视扶贫工作。党的十八大更是把扶贫开发工作提升到了一个新的战略高度，在"五位一体"总体布局和"四个全面"战略布局中加入扶贫开发工作，将其作为实现我国第一个百年奋斗目标的重点工作和底线任务。

2013 年，习近平总书记提出以"精准扶贫"为核心的扶贫开发战略思想，2015 年精准扶贫战略正式在全国开始实施。精准扶贫指的是立足于差异化的贫困区域环境和贫困农户情况，借助科学有效的程序，针对扶贫对象进行精确识别、精确帮扶、精确管理的治贫方式。精准扶贫战略的核心是要改变过去扶贫工作"大水漫灌"式和"撒胡椒面"式的做法，确保扶贫资源能够精准地与贫困个体对接，使帮扶措施能够切实有效地实施，确保扶贫利益能够落实在扶贫对象身上。换而言之，推进精准扶贫，打好精准脱贫攻坚战，是扶贫进入关键阶段所进行的深层次改革，是对传统扶贫的重大突破，是中国特色社会主义关于国家建设理论的新发展。

打好脱贫攻坚战是增进人民福祉的发展需要。2021 年 2 月 25 日，习近平总书记在全国脱贫攻坚总结表彰大会上的讲话中指出："贫穷不是社会主义，如果贫困地区长期贫困，面貌长期得不到改变，群众生活长期得不到明显提高，那就没有体现我国社会主义制度的优越性，那也不是社会主义。①"改革开放以来，伴随着经济社会持续发展，中国组织实施了大规模扶贫开发运动，扶贫工作取得了举世瞩目的成就，人民生活水平不断得到提升。但同时也要清楚地认识到，农村还有很多低收入人口，只有继续坚定不移推进中国特色扶贫开发事业，让全体中国人民脱贫，才能不断增强人民群众的获得感和幸福感，才能展示和证明中国共产党领导和中国特色社会主义制度的优越性。

打好脱贫攻坚战是巩固中国共产党执政基础的重大举措。得民心者得天下。中国共产党的根本宗旨是全心全意为人民服务，只有始终践行以人民为中心的执政理念和发展思想，坚持做到权为民所用、情为民所系、利为民所谋，中国共产党的执政基础才能坚不可摧。只有全体人民过上了好日子，党的执政基础才能得到巩固。

打好精准脱贫攻坚战是维护中国长治久安的社会基础。改革开放以来，中国扶贫开发事业大踏步发展，极大改变了贫困地区人民群众的生产生活状态和精神面貌，对促进社会进步、民族团结和谐、国家长治久安发挥了重要作用。在新的发展起点上，扶贫开发的标准在提高，扶贫开发的任务也更加艰巨和繁重。在新时代，扶贫开发工作不仅要在改善贫困人口生产生活条件上着力，更要注重提升教育、医疗、文化等方面的公共服务水平，让贫困人口跟上全面小康的步伐。只有全体人民安居乐业，社会才能和谐稳定，国家才能长治久安。

消灭贫穷，为全国人民谋求福祉，实现全体人民共同富裕，是中国共产党的初心和使命。打赢脱贫攻坚战，全面建成小康社会，是以习近平同志为核心的党中央向全体中国人民作出的庄严承诺。在中国共产党的领导下，中国经济社会发展取得了巨大成就，中国减贫脱贫事业也取得了骄人的成绩，中国特色社会主义已经进入新时代。新时代中国社会主要矛盾发生变化，必然要对脱贫攻坚工作提出新要求、作出新部署。只有正确理解中国脱贫攻坚的时代色调，才能准确把握中国脱贫攻坚的精神实质。

---

① 习近平. 在全国脱贫攻坚总结表彰大会上的讲话 [N]. 人民日报, 2021-02-26（02）.

第二节　脱贫攻坚的精神与重点工作

一、脱贫攻坚的精神

脱贫攻坚是一项对中华民族、对整个人类都具有重大意义的伟大事业，同时也是一项艰苦卓绝的事业。广大干部群众在为实现脱贫目标进行的奋斗中培育和发扬了一种伟大的精神。这种精神是民族精神和时代精神的生动体现，必将成为中国人民在实现中华民族伟大复兴的道路上战胜各种困难和风险、不断夺取新胜利的强大精神力量和宝贵精神财富。因此，精准总结和提炼中国脱贫攻坚精神，并加以大力宣传和弘扬是十分必要的。

脱贫攻坚精神，是中国共产党性质宗旨、中国人民意志品质、中华民族精神的生动写照，是爱国主义、集体主义、社会主义思想的集中体现，是中国精神、中国价值、中国力量的充分彰显，传承了伟大民族精神和时代精神。全党全国全社会都要大力弘扬脱贫攻坚精神，团结一心，英勇奋斗，坚决战胜前进道路上的一切困难和风险，不断夺取坚持和发展中国特色社会主义新的更大的胜利。

（一）上下同心

上下同心就是在以习近平同志为核心的党中央的坚强领导下，全党全社会齐心协力，共同向贫困宣战。东西部地区开展扶贫协作和对口支援；中央和国家机关各部门、民主党派、人民团体、国有企业和人民军队在贫困地区开展定点帮扶；各行各业发挥专业优势，开展产业扶贫、科技扶贫、教育扶贫、文化扶贫、健康扶贫、消费扶贫；民营企业、社会组织和公民个人热情参与，举国上下形成脱贫攻坚的共同意志和共同行动，党政军民学，劲往一处使，东西南北中拧成一股绳，汇聚起排山倒海的磅礴力量。

（二）尽锐出战

尽锐出战就是在党中央的集中统一领导下，集结全党全社会的精锐力量投向脱贫攻坚主战场。以习近平同志为核心的党中央把脱贫攻坚摆在治国理政的突出位置上，强化中央统筹、省负总责、市县抓落实的工作机制，层层压实脱贫攻坚责任，构建起五级书记抓扶贫、全党动员促攻坚的局面。全国数百万名乡镇干部和数百万村干部共同奋战在扶贫一线，越是困难多、任务重的地方，越是派出能力强、作风硬的干部，不获全胜决不收兵。

（三）精准务实

精准务实就是实事求是，从实际出发，找准"穷根"、对症下药、靶向治疗，在精准施策上出实招，在精准推进上下实功，在精准落地上见实效。围绕"六个精准""五个一批"的要求，全党下足"绣花"功夫，真抓实干，把一切工作都落实到为贫困群众解决实际问题上，做到真扶贫、扶真贫、真脱贫，真正让脱贫成效经得起历史和人民检验。

（四）开拓创新

开拓创新就是立足国情，把握减贫规律，改革创新扶贫体制机制，采取创新性、超常规的政策举措，坚定走中国特色减贫道路。针对新形势新要求，以习近平同志为核心的党中央创造性地提出精准扶贫精准脱贫基本方略，不断改革扶贫路径、扶贫方式；加强顶层设计，建立和完善脱贫攻坚制度体系；坚持开发式扶贫方针，注重激发内生动力，既扶贫又扶志；坚持经济发展与社会建设并重，不仅要求人均收入达到脱贫标准，还要求实现"两不愁三保障"；构建政府、社会、市场协同推进的大扶贫格局，充分彰显党的领导和社会主义制度的政治优势。

（五）攻坚克难

攻坚克难就是面对脱贫攻坚进程中难啃的"硬骨头"，不畏艰险，迎难而上，以响鼓重锤推进脱贫攻坚，确保取得最后的胜利。脱贫攻坚进入决胜阶段，以习近平同志为核心的党中央瞄准"三区三州"等深度贫困地区，集中力量攻克贫困的难中之难、坚中之坚。

（六）不负人民

不负人民就是牢记中国共产党的初心和使命，坚持人民至上，让贫困群众和全国人民一起迈向小康社会，兑现党对人民的庄严承诺。党的十八大以来，以习近平同志为核心的党中央坚持以人民为中心，把脱贫攻坚作为保障全体人民共享改革发展成果、实现共同富裕的重大举措，作为党坚持全心全意为人民服务根本宗旨的重要体现。党中央始终把群众满意度作为衡量脱贫成效的重要尺度，集中力量解决贫困群众基本民生需求，确保全面小康路上，一个也不能少，共同富裕路上，一个也不能掉队。

在脱贫攻坚伟大斗争中锻造形成的脱贫攻坚精神，是中华民族的宝贵财富。在全面建设社会主义现代化国家新征程中，大力弘扬和传承好脱贫攻坚精神，必将激励全党全国各族人民不忘初心、牢记使命、接续奋斗，创造人民群众更加期待的幸福美好生活。

二、脱贫攻坚的重点工作

（一）落实分类施策

按照"五个一批"思路，因地制宜，因村因户因人精准施策。推进产业扶贫，完善新型经营主体与贫困户利益联结机制。推进就业扶贫，鼓励各地开发扶贫公益岗位，兴办扶贫车间，强化劳务组织和技能培训，稳存量、扩增量。推进生态扶贫，在贫困人口中新选聘一批生态护林员、草管员，创新生态扶贫机制，实现生态改善和脱贫双赢。做好综合保障脱贫，为老弱病残贫困人口提供综合保障。继续推进教育扶贫、健康扶贫等工作。

（二）夯实精准基础

完善建档立卡，完善指标体系和业务子系统，不仅记录基本情况，还要记录帮扶工作进展和主要脱贫措施等。加强数据共享和监测分析，为宏观决策和工作指导提供服务，减轻基层填表报数负担。强化信息系统安全保障，严格保护贫困人口隐私。强化驻村帮扶，通过下派一批、培养一批、省内市内抽调一批、东部支援一批等方式，加强脱贫攻坚一线干部人才力量。加强扶贫资金项目管理，加快推进县级脱贫攻坚项目库建设，加强项目论证和储备，整合用好各类资源，提高扶贫资金使用效率和效益。落实扶贫资金项目公告公示制度，预防微腐败，实现阳光扶贫、廉洁扶贫。

（三）组织干部轮训

分级分类对地方党政领导干部、部门行业干部、扶贫系统干部、帮扶干部、贫困村干部开展培训。中央层面重点对 31 个省区市分管负责同志、脱贫攻坚任务重的市党政主要负责同志、贫困县党政主要负责同志开展培训，其他培训主要由各地组织实施。领导干部培训的重点是提高其思想认识，引导其树立正确的政绩观，掌握精准扶贫方法论，培养研究和解决攻坚问题、难题的能力；基层干部培训的重点是培养其精准扶贫、精准脱贫的工作实践能力，不断提高工作的能力和水平。

（四）激发内生动力

加强政策引导，转变扶贫方式，除低保兜底发放现金外，其他扶贫措施要与贫困群众参与挂钩，原则上不直接发钱发物。加强教育引导，加强思想教育和技能培训，帮助贫困群众转变思想观念，提高脱贫能力。加强典型引导，总结宣传脱贫典型，营造勤劳致富、脱贫光荣的良好氛围。发挥村规民约作用，引导贫困群众自我教育、自我管理、自我约束，养成健康文明的生活方式。

（五）防范化解风险

1. 完不成任务的风险

防止深度贫困地区和深度贫困问题解决不好，完不成任务或脱贫质量不高。防止脱贫任务轻的地区麻痹大意，出现工作"死角"。

2. 经济风险

要规范扶贫小额信贷，严格执行国家有关规定，新的贷款不能"户贷企用"，不得用于非生产性支出，老的问题要逐步纠正，确保不发生还贷风险。要防范扶贫产业市场风险，通过提高组织化程度，改变生产方式，培育品牌，延伸产业链，拓宽销售渠道等，降低市场波动的影响。

3. 债务风险

防止打着脱贫攻坚的旗号大举发债，以脱贫攻坚为名搞变相融资，去争资源争项目，加重政府债务。

4. 道德风险

防止简单发钱发物、送钱送物，防止盲目提高标准，引发非贫困户攀比的现象，引起新的不公，破坏社会规则，还会损害党和政府公信力。

（六）总结经验表彰先进

总结推广各地各部门在精准扶贫、精准脱贫方面的创新举措和成功经验，把精准要求转化为具体样本，推动各地各部门受启发、找差距、明方向，促进帮扶举措落地落实。每年组织开展全国脱贫攻坚奖和全国脱贫攻坚模范评选表彰活动。设立脱贫攻坚组织创新奖，鼓励各地从实际出发创新扶贫工作方式。每年组织报告团，分区域巡回宣讲先进典型，树立鲜明导向。

（七）做好宣传工作

开展脱贫攻坚政策宣讲解读，让贫困地区群众知晓政策，让基层干部用好用活用足政策。完善涉贫事件处置反馈机制，保持定力，对一些不正确的说法敢于回应。要把握正确舆论导向，防止意外事件发生，干扰脱贫攻坚大局。配合做好对外宣传，加强减贫领域国际交流与合作，为全球减贫事业贡献中国方案，提升中国软实力。

第三节 脱贫攻坚的制度体系

一、脱贫攻坚责任体系

打赢脱贫攻坚战，时间紧、任务重，涉及多个领域、多个政府层级、多元主体的协同行动，因此建立并完善脱贫攻坚的责任体系，形成全党全社会高度动员、协同推进的局面，是新时期脱贫攻坚顶层设计的首要问题。具体来说，脱贫攻坚的责任体系体现在中央统筹、省负总责、市县抓落实的扶贫开发管理体制、"五级书记一起抓扶贫"的主体责任体制，以及全党全社会合力攻坚的帮扶责任体制三个方面。

（一）中央统筹、省负总责、市县抓落实的扶贫开发管理体制

中国农村贫困的一个突出特点是贫困人口分布广，规模大，致贫因素复杂，各贫困地区和贫困村在自然地理条件、经济社会文化特征及资源禀赋状况等方面

均存在着显著的差异。因此，进行有效的贫困治理，需要坚持精准扶贫、精准脱贫的基本方略，做到因地制宜、分类施策。如何让国家扶贫开发政策供给能够更加准确地匹配贫困地区、贫困村和贫困人口多元化差异化的减贫与发展需求，是脱贫攻坚制度体系设计首先需要解决的问题。另外，中国农村贫困问题的有效治理，需要置于中国农村改革与发展的历史语境中加以认识。现实地看，贫困地区基础设施、基本公共服务、基础产业和基层组织普遍存在短板，新时期各类政策力量、生产要素进入贫困农村地区的渠道还不够畅通，因而补齐农村贫困地区的各类短板，破解制约贫困地区发展的体制机制性因素，需要立足全局，高位谋划、统筹推进各项改革。鉴于此，新时期中国脱贫攻坚制度体系的顶层设计，突出强调各级政府都要承担起责任，发挥好中央和地方两个积极性，形成上下联通、高效协同的管理体制。

按照中央统筹、省负总责、市县抓落实的扶贫开发工作管理机制，中央一级负责制定脱贫攻坚的大政方针，出台重大政策举措，完善体制机制，规划重大工程项目，协调全局性重大问题、全国性共性问题，指导各地制订脱贫滚动规划和年度计划。中央和国家机关按照工作职责，落实脱贫攻坚责任。省负总责，省级党委和政府对本地区脱贫攻坚工作负总责，抓好目标确定、项目下达、资金投放、组织动员、监督考核等工作，确保责任制层层落实。中西部多个省份党政主要负责同志向中央签署脱贫攻坚责任书，立下脱贫"军令状"，每年定期向中央报告脱贫攻坚工作进展情况。市级党委和政府主要负责上下衔接、域内协调、督促检查工作，把精力集中在贫困县如期摘帽上。县级党委和政府承担主体责任，书记和县长是第一责任人，做好进度安排、项目落地、资金使用、人力调配、推进实施等工作。

通过合理安排各级政府在脱贫攻坚中的权责，形成了合理分工、各司其职、有序推进的工作局面。一方面，通过高位推动、深化改革，使过去制约基层扶贫开发工作有效开展的众多体制机制障碍得以有效破除；另一方面，资源配置的重心下沉到脱贫攻坚的"一线战场"，让贫困村和贫困农户发挥主体作用，合理谋划发展道路。

（二）"五级书记一起抓扶贫"的领导责任体制

党的领导，是中国特色社会主义减贫道路最突出的政治优势，党的领导有利于在脱贫攻坚过程中统筹全局、协调各方，有利于资源和人力的调度与合理使用，通过加强党对扶贫开发事业的领导，脱贫攻坚有了强有力的领导体制和组织保障。特别是通过加强党对扶贫开发工作的领导，各级党委、政府及各部门、社会各界对脱贫攻坚的认识水平和政治站位有了极大提升，自觉用习近平总书记关于扶贫工作重要论述武装全党，聚精会神地按照精准扶贫、精准脱贫的基本方略有序推进各项工作开展。

各省区市自上而下地形成了"五级书记一起抓扶贫"的领导责任体制，脱贫攻坚任务重的省份，将打赢脱贫攻坚战作为第一民生工程和头等大事来抓，以脱贫攻坚统揽经济社会发展全局，各级党委作为脱贫攻坚的第一责任主体，为赢得脱贫攻坚战的胜利奠定了政治基础和组织基础。

（三）全党全社会合力攻坚的帮扶责任体制

全党全社会的广泛参与是中国扶贫开发道路的突出特点，是社会主义制度优越性的重要体现。新时期，东西部协作扶贫、定点扶贫，以及社会各界合力攻坚，汇聚起了磅礴的攻坚合力，不仅有效增强了国家减贫治理体系的资源动员能力，也不断推动着扶贫开发领域的改革与创新。为了有效凝聚合力，动员全党全社会有序参与，更好地发挥效能，建立合力攻坚的责任体系是关键。以东西部扶贫协作为例，为了确保帮扶具有实效，明确了东西部协作中产业合作、劳务协作、人才支援、资金支持、社会参与等五项重点工作，并围绕每一项工作明确了帮扶方和被帮扶方各自的责任，确保各项政策部署能够落到实处。可以说，合力攻坚的帮扶责任体制，有力拓展了脱贫攻坚的资源总量，促使社会扶贫力量有序参与脱贫攻坚，迸发出巨大力量。

二、脱贫攻坚政策体系

围绕着贯彻落实习近平总书记关于扶贫工作重要论述，践行精准扶贫、精准脱贫基本方略，党中央、国务院及中央和国家机关各部门密集部署出台一揽子政策，共同构筑起脱贫攻坚的政策体系。脱贫攻坚的政策体系包含两大板块：一是聚焦"六个精准""五个一批"，直接作用于脱贫攻坚各领域的政策部署；二是因应新时期农村减贫与发展形势变动和破解制约贫困地区农村脱贫增收各项体制机制障碍的配套改革政策。

（一）精准扶贫精准脱贫政策体系

新时期，中国农村减贫形势发生了重要的变化，除了具有制约发展的共性短板因素依然存在之外，各贫困地区、贫困村和贫困户之间致贫因素的组合以及潜在的资源禀赋等特征也存在着显著的差异。因此，要想扶到点上、扶到根上，就要坚持因地制宜、分类施策的精准思维。可以说，坚持精准扶贫、精准脱贫的基本方略是高质量打赢脱贫攻坚战，让减贫成果得到人民认可、经得起历史检验的关键。新时期扶贫开发，贵在精准，重在精准、成败之举在于精准。具体而言，在扶贫开发过程中做到"六个精准"，以"五个一批"为方法，解决好"四个问题"。细言之，要坚持做到扶持对象精准、项目安排精准、资金使用精准、措施到户精准、因村派人精准、脱贫成效精准的要求，通过产业扶持、转移就业、易地搬迁、教育支持、医疗救助等措施实现脱贫，其余完全或部分丧失劳动能力的贫困人口实行社保政策兜底脱贫，从而切实解决好扶持谁、谁来扶、怎么扶和如何退的问题。

"六个精准"和"五个一批"的要求，是精准扶贫、精准脱贫基本方略在政策体系设计方面的重要呈现，也是根本的原则。党中央进一步明确了实施精准扶贫方略、加快贫困人口精准脱贫的政策举措，包括健全精准扶贫工作机制、发展特色产业脱贫、引导劳务输出脱贫、实施易地搬迁脱贫、结合生态保护脱贫、加强教育脱贫、开展医疗保险和医疗救助脱贫、实行农村最低生活保障制度兜底脱贫、探索资产收益扶贫、健全特殊人群关爱服务体系等，成为指导脱贫攻坚的纲要性文件。按照习近平总书记关于扶贫开发的重要论述指引，国家陆续提出"六个精准""五个一批""六项行动""十项扶贫工程"等，具体部署和落实精准扶贫、精准脱贫的基本方略。

（二）脱贫攻坚配套改革政策体系

为了保障脱贫攻坚各项决策部署落到实处，党的十八大以来，各领域启动了多项重大配套改革举措，以全面深化改革的思维为脱贫攻坚保驾护航。这些改革举措，直面基层推进扶贫开发工作深入开展中遇到的问题，为充分释放活力，促进精准扶贫、精准脱贫基本方略落地提供了有力支撑。同时，为了解决基层反映强烈的资金整合使用难问题，启动了贫困县统筹整合使用财政涉农资金试点，集中用于脱贫攻坚。相关配套改革涉及国土、金融、保险、投融资等多个领域，为脱贫攻坚战的有效开展提供了良好的政策环境，各项改革红利直接惠及民生，体现为老百姓实实在在的收益。

三、脱贫攻坚投入体系

在脱贫攻坚的进程中，投入保障是脱贫攻坚保障体系的重要方面，中央财政持续加大投入力度，逐步构建起了较为健全的财政扶贫投入体系，不断鼓励和引导各类金融机构加大对扶贫开发的金融支持，建立了全覆盖的金融组织体系，适度调整完善土地利用总体规划，优先保障扶贫开发用地需要，形成了比较完善的扶贫开发土地投入体系。财政投入体系、金融政策体系、土地政策体系共同构成了脱贫攻坚的投入体系。

（一）脱贫攻坚的财政投入体系

脱贫攻坚的财政投入体系紧紧围绕精准扶贫、精准脱贫运转，是财政部门履行职责的平台，是打赢脱贫攻坚战的重要支撑。政府在扶贫开发的财政投入中发挥主体和主导作用，大幅提升一般性转移支付和专项转移支付规模，积极开辟扶贫开发的资金渠道，确保政府扶贫投入力度与脱贫攻坚任务相适应，构建起了涵盖资金的投入主体、投入的工作机制、资金的精准使用等扶贫开发投入各个环节的财政投入体系。主要是通过增加财政专项扶贫资金、教育医疗保障资金等相关转移支付，加大重点生态功能区转移支付、农村危房改造补助资金、中央基建投资、车购税收入补助地方资金、县级基本财力保障机制奖补资金对深度贫困地区的倾斜力度，加大财政扶贫投入力度。

（二）脱贫攻坚的金融政策体系

金融扶贫资源持续聚焦深度贫困地区，不断加大对建档立卡贫困户和扶贫产业项目、贫困村提升工程、基础设施建设、基本公共服务等重点领域的支持力度，建立了全面覆盖的金融组织体系，为攻克贫困堡垒、打赢脱贫攻坚战提供了重要支撑。金融领域支持脱贫攻坚推出了一系列重大举措，银行、货币、保险、资本市场助力脱贫攻坚的投入力度不断加大，实现形式不断丰富。主要包括四个方面内容：一是政策性、开发性、商业性、合作性以及新型金融机构，不断完善内部机构与网点的设置，不断提升贫困地区的金融服务能力；二是综合运用货币政策工具，加强资金筹集使用管理，不断扩大深度贫困地区信贷投放；三是发展多层次资本市场，拓宽贫困地区直接融资渠道；四是创新发展保险产品，提高贫困地区保险密度和深度。

（三）脱贫攻坚的土地政策体系

精准扶贫、精准脱贫方略实施的过程中，基础设施、民生发展都需要一定的土地投入，尤其是深度贫困地区的易地搬迁扶贫，需要建设用地指标，安置搬迁贫困群众。为保障脱贫攻坚的土地供给，国土资源相关部门创新国土资源管理政策，调整完善土地利用总体规划与设计管理，在新增建设用地指标中优先保障扶贫开发用地需要，专项安排国家扶贫开发工作重点县年度新增建设用地指标，土地整治项目及资金补助向贫困地区倾斜，拓展城乡建设用地增减挂钩政策，允许贫困地区在省域范围内使用城乡建设用地增减挂钩指标，形成了与打赢脱贫攻坚战相适应的用地政策体系。土地政策助力脱贫攻坚包括三个方面的内容。

其一，调整完善土地利用总体规划，贫困地区所在的省（自治区、直辖市），充分考虑各地区扶贫开发，尤其是易地搬迁需要，优先安排脱贫攻坚中的民生用地，为扶贫开发提供落地空间。

其二，拓展城乡建设用地增减挂钩政策。新增建设用地计划、增减挂钩节余指标调剂计划、工矿废弃地复垦利用计划向贫困地区倾斜。脱贫攻坚期内，国家每年对集中连片特困地区、国家扶贫开发工作重点县专项安排一定数量新增建设用地计划。允许在省域内调剂使用，贫困地区建设用地节余指标，省级国土资源主管部门建立台账，对全省节余指标进行统一管理。建立土地整治和高标准农田建设等新增耕地指标跨省域调剂机制。优先安排贫困地区土地整治项目和高标准农田建设补助资金，指导和督促贫困地区完善县级土地整治规划。

其三，创新土地利用政策，探索盘活贫困村空闲住房及宅基地的经营方式，实施用地审批特殊政策，涉及农地转用或土地征收的，可边建边批，难以避免占用农田的纳入重大建设项目。贫困地区申报世界地质公园、国家地质公园，可不受单位命名年限等限制。

四、社会动员与宣传培训体系

扶危济困是中华民族的传统美德，实现共同富裕是中国共产党领导建设中国特色社会主义的本质要求，广泛动员社会力量参与脱贫攻坚，大力宣传脱贫攻坚典型案例、典型经验、典型人物，有助于凝聚最广泛的人心和力量，营造全社会关心扶贫、关心国家发展的良好氛围。

中国特色社会主义减贫道路的基本经验之一是坚持不断巩固和完善"大扶贫"的工作格局。其中，社会扶贫力量无疑是最具有中国特色、中国气派的。社会扶贫领域聚焦精准，优化工作机制和模式，经历着密集的创新，中央先后出台《关于进一步加强东西部扶贫协作工作的指导意见》《关于进一步加强中央单位定点扶贫工作的指导意见》等指导性文件，细化实化帮扶任务和工作要求，构建了社会动员体系。主要包括东西部扶贫协作、中央单位定点扶贫、民营企事业"万企带万村"、社会组织扶贫、扶贫志愿服务、中国社会扶贫网、电商扶贫与网络扶贫、消费扶贫，其中，东西部协作和定点扶贫等领域工作以精准扶贫、精准脱贫的理念为指引不断深入。同时，健全社会力量参与机制，通过开展扶贫志愿活动、打造扶贫公益品牌、构建信息服务平台、推进政府购买服务等创新扶贫参与方式，构建社会扶贫人人皆愿为、人人皆可为、人人皆能为的参与机制。

2014年，国务院将每年的10月17日确定为国家扶贫日，每年组织开展扶贫日系列活动。建立扶贫荣誉制度，设立全国脱贫攻坚奖，表彰脱贫攻坚模范，激发全社会参与脱贫攻坚的积极性。通过系统学习研究习近平总书记关于扶贫工作的重要论述和新时期脱贫攻坚的基本方略与政策部署，组织形式多样的宣讲和培训活动，增进了党政干部和社会各界对于脱贫攻坚重大战略意义、理论方法的认识；通过总结和宣传典型案例、典型经验，推进了各地的经验交流和创新模式扩散；通过开展形式多样的评比和宣传活动，营造了全社会共同参与扶贫开发的社会氛围。

五、脱贫攻坚监督体系

良好的政策设计，需要结合有力的落实举措才能真正体现出预期的成效。脱贫攻坚面广域宽，如何狠抓落实，解决实际工作中面临的突出问题，对于政策效能的充分显现至关重要。为此，新时期脱贫攻坚的顶层设计着力建设完备的监督体系，包括由国务院扶贫开发领导小组组织的督查和巡查、民主党派监督和社会监督三个方面。

2016 年 7 月 17 日，中共中央办公厅、国务院办公厅联合印发《脱贫攻坚督查巡查工作办法》（以下简称《办法》），《办法》对中西部 22 个省（自治区、直辖市）党委和政府、中央和国家机关有关单位脱贫攻坚工作开展督查和巡查。由国务院扶贫开发领导小组根据当年脱贫攻坚目标任务制定年度督查计划，督查内容涉及脱贫攻坚责任落实情况，专项规划和重大政策措施落实情况，减贫任务完成情况及特困群体脱贫情况，精准识别、精准退出情况，行业扶贫、专项扶贫、东西部扶贫协作、定点扶贫、重点扶贫项目实施、财政涉农资金整合等情况，督查结果向党中央、国务院报告。督查坚持目标导向，着力推动工作落实。同时，国务院扶贫开发领导小组根据掌握的情况报经党中央、国务院批准，组建巡查组，不定期开展巡查工作。巡查坚持问题导向，着力解决突出问题。巡查的重点问题包括干部在落实脱贫攻坚目标任务方面存在的失职渎职，不作为、假作为、慢作为，贪占挪用扶贫资金，违规安排扶贫项目，贫困识别、退出严重失实，弄虚作假搞"数字脱贫"，以及违反贫困县党政正职领导稳定纪律要求和贫困县约束机制等。

六、脱贫攻坚考核体系

考核评估是打赢脱贫攻坚战的重要制度保障。精准扶贫、精准脱贫方略实施以来，逐步构建起了完整系统的考核评估制度框架，为精准脱贫提供了制度保障。

（一）考核评估的制度框架

1. 省级党委和政府扶贫开发工作成效的考核

（1）考核范围

向党中央签订脱贫攻坚责任书的中西部 22 个省区市，每年开展一次，由国务院扶贫开发领导小组组织。

（2）考核内容

包括减贫成效、精准识别、精准帮扶、扶贫资金使用管理等 4 个方面，涉及建档立卡贫困人口数量减少和贫困县退出计划完成率、贫困地区农村居民收入增长率、贫困人口识别精准度和退出准确率、帮扶满意度、扶贫资金绩效等 7 项指标。

（3）考核步骤

省级总结、实地考核评估、数据汇总、综合评价、沟通反馈等。

（4）结果运用

考核结果由国务院扶贫开发领导小组予以通报，对完成年度计划减贫成效显著的省份给予一定奖励，对出现《省级党委和政府扶贫开发工作成效考核办法》第七条所列问题的，由领导小组对省级党委、政府主要负责人进行约谈，提出限期整改要求，情节严重、造成不良影响的，实行责任追究。考核结果作为对省级党委、政府主要负责人和领导班子综合考核评价的重要依据。

2. 东西部扶贫协作成效的考核

东部地区主要考核组织领导、人才支援、资金支持、产业合作、劳务协作和携手奔小康行动等6个方面；西部地区主要考核组织领导、人才交流、资金使用、产业合作、劳务协作和携手奔小康行动等6个方面。考核结果由国务院扶贫开发领导小组向党中央、国务院报告后，在一定范围内通报，并作为对中西部省级党委和政府扶贫开发工作成效考核的参考依据。

3. 中央单位定点扶贫成效的考核

根据中央单位定点扶贫考核办法，国务院扶贫开发领导小组每年组织对承担定点扶贫任务的中央单位进行考核，主要考核帮扶成效、组织领导、选派干部、督促检查、基层满意度、工作创新等6个方面。考核结果由国务院扶贫开发领导小组向党中央、国务院报告后，向各单位通报考核情况，表扬好的单位，指出存在问题，提出改进工作的要求。考核结果报送中央组织部。

4. 贫困县扶贫脱贫成效的考核

把扶贫开发作为贫困县经济社会发展实绩考核的主要内容，把提高贫困人口生活水平、减少贫困人口数量和改善贫困地区生产生活条件作为考核评价扶贫开发成效的主要指标，注重对减贫脱贫紧密关联的民生改善、社会事业发展情况、生态环境保护、党建等方面的考核。

（二）考核评估的基本方法

为适应脱贫攻坚考核的实践需要，脱贫攻坚考核评估采用综合的考核方法，力求准确把握各地脱贫攻坚实践的基本情况，为实绩考核、决策调整、工作推进落实提供坚实可信的依据。主要包括如下3种形式。

1. 开展实地考核

（1）省际交叉考核

发挥省、市、县行业扶贫和专项扶贫领域干部熟悉政策、掌握业务、了解情况的优势，安排部署各省区市扶贫开发领导小组从成员单位和市、县基层扶贫部门抽调骨干力量组成工作组，赴其他省份开展交叉考核。考核工作组随机抽取县乡村户，通过入户调研、资料查阅、座谈交流和项目核查等方式，重点核查被考核省份脱贫攻坚责任落实、政策落实和工作落实等情况。

（2）第三方评估

充分发挥第三方评估科学抽样、定量分析的作用，重点评估贫困人口识别和退出准确率、因村因户帮扶工作群众满意度，以及"两不愁三保障"实现、脱贫攻坚政策到村到户落实情况。

（3）媒体暗访考核

充分发挥媒体监督作用，组织记者深入基层开展暗访，围绕脱贫攻坚进展和贫困群众"两不愁三保障"目标落实情况，总结典型经验，查找突出问题。

（4）扶贫资金绩效评价

发挥资金绩效评价全过程管理、专项评价的作用。每年由财政部、国务院扶贫办共同组织实施财政专项扶贫资金绩效评价，从资金投入、拨付使用、监督管理、扶贫成效等多个环节，重点查找分析影响各省区市扶贫资金使用效率、效益的主要因素和违法违纪违规问题。

2. 平时掌握情况的梳理

收集行业部门专项检查、监督执纪和统计监测情况及数据，纳入综合分析评价范围。行业部门专项检查主要包括财政扶贫资金专项检查、贫困县涉农资金整合专项督查、贫困县退出专项评估检查、易地扶贫搬迁稽查等。监督执纪主要包括纪检监察机关和审计等部门发现问题和脱贫攻坚民主监督、督查巡查、统计执法监督、信访暗访、舆情监测等情况。统计监测数据主要包括建档立卡脱贫人数、贫困县退出数据、全国和贫困地区农村居民可支配收入增幅等。

3. 综合评价分析

在汇总整理年终考核结果和平时掌握情况的基础上，按照定性定量相结合、第三方评估与部门数据相结合、年度考核与平时掌握情况相结合的原则，对各省区市扶贫成效进行综合分析评价，形成考核结果。

（三）考核成果运用

经党中央、国务院同意，对综合评价好的省份通报表扬，并在中央财政专项扶贫资金分配上给予奖励。对综合评价较差且发现突出问题的省份，党中央、国务院授权国务院扶贫开发领导小组约谈党政主要负责人；对综合评价一般或发现某些方面问题突出的省份，约谈省区市分管负责人。考核结果报送中央组织部，作为对省级党委、政府主要负责人和领导班子综合考核评价的重要依据。党中央听取考核工作汇报后，中共中央办公厅、国务院办公厅通报考核情况、国务院扶贫开发领导小组约谈、扶贫办一对一反馈考核发现问题，中西部22省区市对标党中央精准扶贫、精准脱贫决策部署，全面查摆问题和不足，制定整改方案，推进问题整改落实。整改结束后，国务院扶贫开发领导小组组织对被约谈省份开展巡查，对其他省份进行督查，验收整改成果。

第四节　脱贫攻坚的经验

党的十八大以来，我们在脱贫攻坚的伟大实践中，不仅取得了显著成绩，还积累了丰厚经验。这些经验不仅是脱贫攻坚的经验，也是发展我国乡村的经验，对实现乡村振兴具有很强的借鉴意义。

一、坚持和加强党对扶贫工作的领导

坚持和加强党的领导，为打赢脱贫攻坚战提供了坚强政治保障和根本保障。脱贫攻坚的根本经验是始终坚持充分发挥党的领导的政治优势和中国特色社会主义的制度优势，全党全社会总动员，发挥政府主导作用，集中力量组织开展目标明确的大规模扶贫行动。

（一）形成了明确的分工责任体系

中央统筹、省（区、市）负总责、市（地）县抓落实的工作机制明确了分工，对领导责任进行了突出和加强。党中央、国务院主要负责对扶贫开发大政方针进行统筹制订，出台重大政策举措，作出重大工程项目规划。省（区、市）党委和政府承担总的责任，负责目标确定、项目下达、资金投放、组织动员、监督考核等工作。市（地）党委和政府的责任在于上下衔接、域内协调、督促检查工作、把精力集中在贫困县如期"摘帽"上。县级党委和政府肩负主体责任，书记和县长作为第一责任人，负责进度安排、项目落地、资金使用、人力调配、实施推进等工作。每一层责任主体都要签订脱贫攻坚责任书，任务重的省（区、市）党政主要领导向中央签署脱贫责任书，每年向中央报告扶贫脱贫的进展情况。省（区、市）党委和政府向市（地）、县（市）、乡镇提出要求，层层落实责任。

（二）基层党组织发挥了战斗堡垒作用

大力开展贫困乡镇领导班子建设，对政治素质高、工作能力强、熟悉"三农"工作的干部担任贫困乡镇党政主要领导进行针对性选配。着力做好以村党组织为领导核心的村级组织配套建设，对软弱涣散的村党组织进行整顿，增强其创造力、凝聚力、战斗力，充分合作于工会、共青团、妇联等群团组织，发挥其最大作用，做好村级领导班子的选配工作，打造优秀的村级领导班子，着重开展村党组织带头人队伍建设，最大限度发挥党员先锋模范作用。对村级组织运转经费保障机制进行完善，重点保障村干部报酬、村办公经费和其他必要支出。基于贫困村的具体需求，对第一书记进行精准选配，对驻村工作队进行精准选派，提高县级以上机关派出干部比重。提高驻村干部考核力度，不稳定脱贫不撤队伍。

（三）严格考核确保扶贫工作质量

对中央对省（区、市）党委和政府扶贫开发工作成效考核办法进行建立和完善。对年度扶贫开发工作逐级督查制度进行建立，针对重点部门、重点地区开展，国务院扶贫开发领导小组要把未落实好扶贫工作的部门和地区向党中央、国务院报告并提出责任追究建议，约谈未完成年度减贫任务省份的党政主要领导。

各省（区、市）党委和政府要加快推出对贫困县扶贫绩效考核办法，大幅度提高减贫指标在贫困县经济社会发展实绩考核指标中的权重，建立扶贫工作责任清单。加快落实有关限制开发区域和生态脆弱的贫困县取消地区生产总值考核的要求。建立健全重大涉贫事件的处置、反馈机制，通过处置典型事件发现并分析问题，持续提高扶贫工作水平。强化农村贫困统计监测体系建设，提高监测能力和数据质量，实现数据共享。

二、坚持以精准扶贫理论为指导

"精准扶贫、精准脱贫"思想是习近平总书记在继承和吸纳我国既有扶贫思想的基础上，长期关注、思考、实践我国扶贫脱贫工作的理论创新，为脱贫攻坚提供了指导，是习近平新时代中国特色社会主义思想的重要组成部分。

（一）精准识别扶贫对象，解决"扶持谁"的问题

精确识别是精准扶贫的重要前提。准确识别贫困人口，搞清贫困程度，找准致贫原因，是精准扶贫的第一步。在此基础上准确掌握贫困人口规模、分布情况、居住条件、就业渠道、收入来源等，方可精准施策、精准管理。

（二）精准安排扶贫项目，解决"怎么扶"的问题

在精准识别的基础上，解决"怎么扶"的工作重点就是要做到精准施策、分类施策，也就是因人因地施策、因贫困原因施策、因贫困类型施策。精准安排扶贫项目和建立产业扶贫的带动机制尤为重要。

（三）精准使用扶贫资金，解决"钱怎么花"的问题。

衡量农村贫困地区扶贫开发工作绩效的直接途径，就是看扶贫资金的运作与管理是否有效。要提高扶贫资金的有效性，必须对财政扶贫资金运行过程中的每个环节，包括资金的分配、使用对象的确定、使用方向的选择、监督机制的完善等，均做出科学的比较和分析，完善相关机制，切实提升扶贫资金使用管理的精准性、安全性及高效性，让有限的资金发挥最大的效益。

（四）精准落实扶贫措施，解决"路怎么选"的问题

要针对扶贫对象的贫困情况和致贫原因，制订具体帮扶方案，分类确定帮扶措施，确保帮扶措施和效果落实到户、到人。实施"五个一批"工程，即发展生产脱贫一批、易地搬迁脱贫一批、生态补偿脱贫一批、发展教育脱贫一批、社会保障兜底一批。

（五）精准派驻扶贫干部，解决"谁负责"的问题

推进脱贫攻坚，要更好地发挥政府的作用，关键是责任落实到人，尤其要在选派贫困村第一书记上下功夫，确保"因村派人精准"。

（六）精准衡量脱贫成效，解决"怎么退"的问题

精准扶贫的目的在于精准脱贫。已脱贫的农户精准有序退出也是非常重要的环节，在这方面，要通过细致调查、群众评议，明确已真正稳定脱贫的户和人，既不能使尚未脱贫的人退出，也不能让已稳定脱贫的人继续"戴帽"。

三、建立了扶贫政策支撑体系

为了保障脱贫攻坚各项决策部署落到实处，相关部门启动了多项重大配套改革举措，以全面深化改革的思维为脱贫攻坚保驾护航。这些改革举措，针对基层推进扶贫开发工作遇到的实际问题，为充分释放活力，促进精准扶贫、精准脱贫基本方略落地提供了有力支撑。

（一）继续加大财政扶贫投入力度

政府要最大程度发挥自身在扶贫开发中的主体和主导作用，根据实际任务增加投入力度。中央财政进一步将对贫困地区的转移支付力度加大，增加中央财政专项扶贫资金规模，进一步向贫困地区和贫困人口增加一般性转移支付资金、各类涉及民生的专项转移支付资金和中央预算内投资。增强中央集中彩票公益金对扶贫的支持。对于农业综合开发、农村综合改革转移支付等涉农资金在贫困村中的投入比例进行明确。各部门面向贫困地区、贫困村、贫困人口给予各项惠民政策、项目和工程最大限度的倾斜。各省（区、市）要立足当地脱贫攻坚需要，对省级财政支出结构进行积极调整，真正地增加扶贫资金投入。

（二）不断加大金融扶贫力度

对各类金融机构进行鼓励和引导，使其强化对扶贫开发的金融支持。采取各类货币政策，使得金融机构能够获得长期的、低成本的资金，并将其投入贫困开发工作。建立扶贫再贷款，将其利率设置得比支农再贷款更低，对贫困地区发展特色产业和贫困人口就业创业提供重点支持。制订和实行合理的政策，运用财政贴息资金及部分金融机构的富余资金满足政策性、开发性金融机构的资金需求，开发多样化的扶贫资金来源渠道。

（三）完善扶贫开发用地政策

完善扶贫开发用地政策，使贫困地区能够基于土地调查实际结果，对土地的利用规划等进行调整。将保障扶贫开发用地需要放在新增建设用地计划指标的优先位置，对国家扶贫开发工作重点县年度新增建设用地计划指标进行专项安排。中央和省级政府要给予贫困地区土地整治工程和项目、高标准基本农田建设计划和补助资金等的倾斜支持。对于连片特困地区和国家扶贫开发工作重点县，推进易地扶贫搬迁，允许在省域范围内使用城乡建设用地增减挂钩指标。

（四）发挥好科技、人才支撑作用

强化科技扶贫，对贫困地区特色产业发展和生态建设中的关键技术进行重点研究。强化技术创新引导专项（基金）对科技扶贫的支持，促进先进适用技术成果在贫困地区的转化。加大选派优秀年轻干部到贫困地区工作的力度，加大中央单位与中西部地区、民族地区、贫困地区之间干部交流任职的力度，有计划地选派后备干部到贫困县挂职任职。加大贫困地区干部教育培训力度。实施边疆民族地区和革命老区人才支持计划，在职务、职称晋升等方面采取倾斜政策。完善和落实引导人才向基层一线和艰苦边远地区流动的激励政策。

四、建立了扶贫管理机制

在党中央的坚强领导下，在精准扶贫理论的指导下，在脱贫攻坚实践中形成了完善高效管理机制，为打赢脱贫攻坚战提供了强力组织保障。

（一）建立了扶贫对象动态管理机制

扶贫对象管理主要是指通过对扶贫对象进行精准识别、建档立卡和建立全国扶贫信息网络系统等工作，对扶贫对象进行全方位、全过程的监测，实时反映贫困户和贫困人口的收入、致贫原因、帮扶措施、发展变化等情况，实现对扶贫对象有进有退的动态管理。扶贫对象管理是精准扶贫工作的基础和首要工作。

脱贫攻坚通过建档立卡，对贫困户和贫困村进行精准识别，对了解贫困状况和原因进行分析掌握，全面明确帮扶需求，确定帮扶主体，落实帮扶措施，开展考核问效，实施动态管理。对贫困县和连片特困地区进行监测和评估，分析掌握扶贫开发工作情况，为扶贫开发决策和考核提供依据。在全国范围内建立了贫困户、贫困村、贫困县和连片特困地区电子信息档案。在此基础上，构建了全国扶贫信息网络系统，并实现了动态调整，为精准扶贫工作奠定了坚实基础。

（二）建立了扶贫责任管理机制

精准扶贫离不开广大领导干部的努力。扶贫责任管理是指，通过对各级领导干部明确责任、严格考核，全面落实脱贫攻坚责任制，从组织上确保精准扶贫各项措施落到实处，帮助贫困群众脱贫致富。出于强化和完善脱贫攻坚领导责任制的目的，2016 年 10 月 11 日，中共中央办公厅、国务院办公厅印发《脱贫攻坚责任制实施办法》，基于继续坚持中央统筹、省负总责、市县抓落实的工作机制的大框架，对中央、省、区、市、县等各级机构及人员责任进行了细化，构建了责任清晰、各负其责、合理攻坚的责任体系。

中央负责全国脱贫攻坚、精准扶贫工作的统筹，省对各自地区脱贫攻坚、精准扶贫工作负总责，市县负责脱贫攻坚、精准扶贫项目的落实，对定点扶贫单位等其他相关机构及人员责任也进行了明确。同时，严格扶贫责任考核督查，促使各级机构和人员切实履职尽责，改进工作。

（三）建立了扶贫队伍管理机制

扶贫队伍管理，主要是指对工作在农村贫困地区大量一线人员的管理，包括乡镇扶贫工作人员、贫困村工作人员以及由各级选派的驻村第一书记及扶贫工作队员等。主要措施是明确第一书记和驻村扶贫工作队员的职责，制订第一书记及扶贫工作队员的管理考核办法，建立第一书记及扶贫工作队员的保障服务机制。

（四）建立了扶贫资金管理机制

加强扶贫资金管理，增强资金使用的针对性和实效性推进扶贫资金使用精准，切实使资金直接用于扶贫对象。创新扶贫资金筹措机制，确保资金投入力度；改革扶贫资金使用机制，提高扶贫资金使用效率；完善扶贫资金监管机制，确保扶贫资金安全使用。

（五）建立了贫困退出管理机制

贫困退出管理指的是，通过建立贫困户、贫困村和贫困县退出机制，严格退出程序和标准，对扶贫对象进行动态管理，做到贫困户有进有出，确保扶贫对象按期退出和确保扶贫质量。由国务院扶贫办领导小组制订统一的退出标准和程序，各省在遵守国务院扶贫开发领导小组制订的统一退出标准和程序的基础上，可以结合本地情况细化标准和程序。

第二章 乡村振兴战略概述

实施乡村振兴战略是新时代我国"三农"工作的总抓手。本章为乡村振兴战略概述，主要从乡村振兴战略的提出与定位、乡村振兴战略的目标任务以及乡村振兴战略的农村发展愿景三个方面进行详细的阐述。

第一节 乡村振兴战略的提出与定位

一、乡村振兴战略的提出

乡村振兴战略是习近平同志于 2017 年 10 月 18 日在党的十九大报告中提出的战略。"三农"问题是关系国计民生的根本性问题，必须始终把解决好"三农"问题作为全党工作的重中之重，实施乡村振兴战略。

进入 21 世纪之前，我国实施农业支持工业的战略，主要通过从农业中汲取资金支持工业。进入 21 世纪以后，我国逐步将原农业支持工业战略转变为工业反哺农业战略。2004 年 9 月，党的十六届四中全会提出两个趋向的重要论断。第一个趋向指的是在工业化初始阶段，普遍存在着农业支持工业的趋向，在此阶段，大部分国家投入于工业的资金基本上是农业生产创造的。第二个趋向指的是工业化实现一定水平后，普遍存在着工业反哺农业、城市带动农村，工农、城乡协调发展的趋向，这叫作工业化中期阶段。在工业化中期阶段，国家已形成基本的、相对完整的工业体系，工业能够自我发展和积累，不再需要农业资金的支持；而农业在工业前期的发展中提供了大量资金，延误了自身发展，与工业相比较为滞后，客观上需要工业的支持。

2004 年，《中共中央 国务院关于促进农民增加收入若干政策的意见》提出要"逐步降低农业税税率，2004 年农业税税率总体上降低 1 个百分点，同时取消烟叶外的农业特产税"①。2005 年中央一号文件提出，减免农业税、取消除烟叶以外的农业特产税，进一步扩大农业税免征范围，加大农业税减征力度。2005 年 12 月 29 日，第十届全国人大常委会第十九次会议决定，自 2006 年 1 月 1 日起废止《中华人民共和国农业税条例》。

同样自 2004 年起，四大农业补贴政策被相继推出和实行。其一为良种补贴，试点于 2002 年，于 2004 年推展到全国范围。如今，我国的种植业、畜牧业、渔业的主要的农产品品种都有相对的良种补贴。其二为种粮农民直接补贴，开始于 2004 年，根据农民承包土地亩数面积计算。其三为农机购置补贴，也就是对农民购买农机具给予补贴，补贴数目由 1/3 变成定额。其四为农资综合补贴，开始于 2006 年，因经济不断发展，劳动力成本、各种原料及农业生产资料价格也随之升高，所以有了这一补贴。

2004 年起，我国采取了主要农产品最低收购价格的政策措施。同年与 2005 年以稻谷为主，2006 年起采取了小麦最低收购价格，并在之后相继将其他主要农产品纳入政策范围内。且 2008 年，最低收购价格慢慢增高，已经稍超出国际价格水平。2015 年和 2016 年国内的主要农产品的价格相比国际同类价格水平已大大超出，且在各时期的各产品价格的超出情况不一。基于此，需要对主要农产品的价格形成机制作出改革。2014 年，逐渐开展粮食价格形成机制改革，制订了关于大豆和棉花的目标价格制度。2016 年，针对玉米废除了临时收储政策，采取了生产者补贴政策。

对于乡村地区的公共事业，2006 年，针对农村义务教育事业，在西部地区采取了免除学杂费的政策措施，并于 2007 年将此推广至全国。2007 年 7 月 11 日，国务院发出《关于在全国建立农村最低生活保障制度的通知》，农村低保开始建立。2009 年 9 月 1 日，国务院印发《关于开展新型农村社会养老保险试点的指导意见》，并实施新农保政策，其基本原则为保基本、广覆盖、有弹性、可持续。其中："保基本"指的是对农村养老基本的生活和需求提供保证；"广覆盖"指的是覆盖面要广，实现覆盖所有的农村居民养老问题。2014 年 2 月，国务院印发了《关于建立统一的城乡居民基本养老保险制度的意见》，提出"十二五"末，在全国基本实现新农保与城居保制度合并实施，并与职工基本养老保险制度相衔接；

---

① 中共中央国务院关于促进农民增加收入若干政策的意见 [N]. 人民日报，2004-02-09.

2020 年前，全面建成公平、统一、规范的城乡居民养老保险制度。[①] 立足于医疗保险方面。2012 年 8 月，国家发展改革委、卫生部等六部门联合印发《关于开展城乡居民大病保险工作的指导意见》。2015 年 8 月 2 日，国务院办公厅印发《关于全面实施城乡居民大病保险的意见》，城乡居民大病保险被逐渐推行。2016 年 1 月 12 日，国务院印发《关于整合城乡居民基本医疗保险制度的意见》，镇居民基本医疗保险和新型农村合作医疗逐渐整合为城乡居民基本医疗保险（城乡居民医保），并于 2016 年开始施行，其最终目标为使城乡居民的基本医疗保险实现一致，实现保险不同区域的接续。这一政策不仅促进了人口流动，而且促进了农村居民整体医疗保险水平的提高。

党的十八大以来，几乎每年的中央一号文件都对农业农村政策进行了强调。2013 年的中央一号文件中第六部分为"改进农村公共服务机制，积极推进城乡公共资源均衡配置"[②]。2014 年的中央一号文件中第七部分为"健全城乡发展一体化体制机制"，提出开展村庄人居环境整治，推进城乡基本公共服务均等化。2017 年的中央一号文件指出，壮大新业态，拓展农业产业链价值链，大力发展乡村休闲旅游产业，培育宜居宜业特色村镇，支持有条件的乡村建设将农民合作社为主要载体，让农民充分参与和受益，构建集循环农业、创意农业、农事体验于一体的田园综合体。

2021 年 2 月 21 日，《中共中央 国务院关于全面推进乡村振兴加快农业农村现代化的意见》发布，这是 21 世纪以来第 18 个指导"三农"工作的中央一号文件。2021 年 3 月，中共中央、国务院发布了《关于实现巩固拓展脱贫攻坚成果同乡村振兴有效衔接的意见》，在第四部分提出聚力做好脱贫地区巩固脱贫攻坚成果乡村振兴有效衔接重点工作。2021 年 4 月 29 日，十三届全国人大常委会第二十八次会议表决通过《中华人民共和国乡村振兴促进法》。

二、乡村振兴战略的定位

乡村振兴战略的定位在于作为新时代"三农"工作的总抓手。推进乡村振兴战略，需在党的领导下，将农村和农业放在优先位置，强调农民的主体地位，强

---

① 国务院关于建立统一的城乡居民基本养老保险制度的意见 [J]. 中国劳动，2014（03）:59-61.
② 中共中央 国务院关于加快发展现代农业进一步增强农村发展活力的若干意见 [J]. 中国合作经济，2013（2）: 4-9.

调乡村全面振兴，强调城乡融合发展，强调构建人与自然和谐的社会，强调因地制宜、循序渐进。对当前的农村基本经营制度进行巩固和完善，对于当前的土地承包关系要保持稳定并长期坚持，第二轮土地承包应在到期后继续延长三十年。切实有力地保证粮食安全。着力推进农村基层基础工作，打造出一支懂农业、爱农村、爱农民的"三农"工作队伍。

乡村是具有自然、社会、经济特征的地域综合体，具有生产、生活、生态、文化等多重功能。乡村和城市之间是相互触及、彼此共生的，一同构成人类生活的主要空间。乡村的发展直接关系着国家的发展，只有乡村振兴才能有国家振兴。人民日益增长的美好生活需要和不平衡不充分的发展之间的矛盾是我国当前主要的社会矛盾，这一点在乡村有着极为显著的体现。全面建成小康社会和建设社会主义现代化强国最艰巨、最繁重的任务仍然在农村，但农村也是其最广泛最深厚的基础，更是其最大的潜力和后劲。推进乡村振兴战略，是解决我国当前主要社会矛盾的基础内容，对于实现"两个一百年"奋斗目标至关重要，对于实现中华民族伟大复兴的中国梦也是不可忽视、不可缺少的，于我国当前和未来的发展而言都具有深刻的价值和意义。

第二节　乡村振兴战略的目标任务

乡村振兴战略的实施是有着明确的目标任务和时间计划的。根据如今中央的部署安排，以及"两个一百年"奋斗目标，乡村振兴战略的实施也有着近期目标和远期规划。

一、近期目标

一方面，要实现农村地区的全面小康。具体来说，包括：农业综合生产能力稳定提高，农业供给体系质量显著增强，农村一、二、三产业融合发展水平再次提升；农民增收渠道持续拓宽，城乡居民生活水平差距明显缩小；现行标准下农村贫困人口脱贫，贫困县摘帽，区域性整体贫困问题有所解决；农村基础设施建设持续深入开展，农村人居环境显著优化，美丽宜居乡村建设稳步推进；城乡基本公共服务均等化水平有所提高，城乡融合发展体制机制初步建成；农村对人才吸引力不断加大；农村生态环境显著优化，农业生态服务能力持续提高；以党组织为核心的农村基层组织建设进一步加强，乡村治理体系进一步完善；党的农村工作领导体制机制进一步健全；各地区、各部门推进乡村振兴的思路举措实现确立。

另一方面，要为基本实现农业农村现代化开好局、起好步、打好基础。具体来说，包括：国家粮食安全保障水平有所提高，现代农业体系初步构建、农业绿色发展进程全面向前；农村一、二、三产业融合发展格局初步形成、乡村产业发展速度加快，农民收入水平进一步提高，脱贫攻坚成果得到进一步巩固；农村基础设施条件不断好转，城乡统一的社会保障制度体系基本建立；农村人居环境明显优化，生态宜居的美丽乡村建设稳步推进；城乡融合发展体制机制初步建立，农村基本公共服务水平进一步提升；乡村优秀传统文化实现传承和发展，农民精神文化生活需求基本满足；以党组织为核心的农村基层组织建设明显加强，乡村治理能力进一步提升，现代乡村治理体系初步构建；探索形成一批各具特色的乡村振兴模式和经验，乡村振兴取得阶段性成果。

二、远期规划

远期规划主要包括两部分内容，其一，到 2035 年，乡村振兴实现决定性进展，基本实现农业农村现代化。具体包括：根本上改变农业结构，农民就业质量大幅提高，相对贫困进一步缓解，向着共同富裕迈进一大步；基本达成城乡基本公共服务均等化，城乡融合发展体制机制越发完善；乡风文明进入新境界，乡村治理体系越发完善；根本上实现了农村生态环境的好转，基本建成生态宜居的美丽乡村。其二，到 2050 年，乡村全面振兴，农业强、农村美、农民富全面实现。

第三节　乡村振兴战略的农村发展愿景

乡村振兴是走中国特色现代化道路的必然要求。乡村振兴背景下，产业兴旺是乡村振兴战略的重点，生态宜居是乡村振兴战略的关键，乡风文明是乡村振兴战略的保障、生活富裕是乡村振兴战略的根本。

一、乡村振兴战略的重点——产业兴旺

中国特色社会主义进入新时代，并根据我国社会主要矛盾的转换，提出了实施乡村振兴战略。

乡村振兴战略规划是针对我国的社会和乡村发展现状，以及针对我国社会主要矛盾发生变化和城乡发展不平衡不协调的背景下提出的。产业兴旺是乡村振兴战略的首要要求，是产业振兴的核心内容。

新时代农村产业兴旺有着丰富的内涵，表现出要素流动双向性、经营主体多元性、利益联结复合性、产业发展融合性等典型特征。农村产业兴旺是提高农民生活水平、实现乡村振兴的首要要求，是实现农村产业振兴、推进城乡融合发展的必要条件，是推动农业现代化、构建现代型产业体系的应有之义。

（一）产业兴旺的实施路线图

建立健全城乡融合发展体制机制和政策体系。产业发展是实现乡村振兴的核心。农村产业发展是农村可持续发展的内在要求。关于乡村振兴战略的产业兴旺实施路线可初步归纳如下。

1. 编制乡村振兴战略规划

各级党委、政府要加强组织领导，明确各级发改、农业、工业和信息化、畜牧、林业等部门职责，加强协调互动，分工负责，研究制订和分解落实乡村振兴战略规划与三年行动计划。各部门制订文化旅游、乡村文明、组织建设、人才建设、科技研发等专项规划，完善各级乡村振兴的政策环境和产业政策，为产业兴旺提供科学的决策依据。

2. 积极推动并探索乡村振兴的产业兴旺模式

我国农村过去强调农业生产发展，目标在于解决农民的温饱问题。农业必须从生产发展到产业兴旺，其主要目标是实现农业农村现代化。产业兴旺从过去单纯追求产量向追求质量转变，从粗放型向精细型经营转变，从不可持续发展向可持续发展转变，从低端供给向高端供给转变。

3. 制订有序推进的步骤和策略

将产业兴旺作为乡村振兴战略的核心。为解决我国农村产业发展的诸多问题、包括但不限于地方特色和核心优势不明显、产业布局同质化、产业结构单一、产

业缺少竞争力、效益增长乏力等，必须加强调查研究，改进管理决策水平，创新振兴模式和思路，优化农业产业结构，补短板，降成本，打通农村产业发展的"最后一公里"。

4. 确定优势产业和培育产业

根据各地区资源和优势，运营分析模型，确立产业组合和主导产业，明确产业发展的主要任务。积极探索农村产业模式和新业态，制订具体行动计划，推动农村第一、二、三产业融合发展。严守耕地红线，大力度、大规模进一步开展高标准农田建设和农村土地综合整治，增大永久基本农田保护力度，全面落实永久基本农田质量建设，建立健全耕地保护补偿和激励机制，构建数量、质量、生态协调发展的耕地保护体系。借助物联网、大数据、云计算、人工智能等技术对传统农业进行改造提升，发展智慧农业、设施农业、都市农业。大力培育家庭农场，鼓励有条件的种养大户、农村经纪人和投身现代农业的高校毕业生登记注册成立家庭农场，开展示范创建，打造特色农场、美丽农场和智慧农场。

5. 落实责任分工和重点任务

以推进供给侧结构性改革为主线，明确产业兴旺的路线和主要责任，分工落实到各部门、各行业和重点农业示范园等，与重点项目相结合，不断优化、提升供给质量和效益，推动农业农村发展提质增效，实现农业增产、农村增值、农民增收。

6. 完善产业兴旺的要素配置和激励机制

重点是出台要素资源流动和优化配置的政策，制订出台财政、税收、金融和产业政策，发行产业扶持基金或乡村振兴战略基金，出台人才培育、引进和科技研发激励政策，制订各级党委、政府与乡村振兴、产业兴旺挂钩的政策与考核细则。加大责任考核和业绩兑现，提升规划制订和产业落地的力度和监督约束，推动产业兴旺目标的顺利实现。

（二）产业兴旺的实践案例——以国际产业振兴的实践为例

全球各国农业实践可以为我国乡村振兴战略实施提供借鉴。本部分系统梳理世界范围内重点国家的实践做法，按照效果显著、模式创新、有普遍参考价值的原则，进行了归纳提炼，总结出日本、韩国、德国等七个典型国家的乡村产业发展案例。

1. 日本——精致、品牌、融合

日本发展精致农业、品牌农业，提高农副产品品质。实施"六次产业"，挖掘农业多种功能。推动专业化分工、工厂化生产，有效保障农副产品商品化率。依靠农协组织提供的全产业链服务，协调并支持各地农业生产。获得政府大力支持并实施高强度的农业贸易保护政策，保护国内农产品市场。

2. 马来西亚——创汇、外资技术

马来西亚实施农业经济多样化发展战略，重点支持橡胶、棕榈油、可可、热带水果、海产品等外向型、创汇型特色农业发展；积极利用新加坡等国家的外资和技术，促进农业与农产品加工业发展。

3. 意大利——观光、有机

发展有鲜明地域特征、显著比较优势的蔬菜、瓜果等特色品种，优化农业种养结构；推动观光农业（世界上最早提出休闲农业概念）与有机农业（欧盟有机农业生产面积最大的国家之一）发展，提高农业生产增加值；实施欧盟共同农业政策，加大对提高农业竞争力等的支持力度。

4. 德国——规模、人力、科技、加工

加大土地整治力度，改善农业基础条件，提高农场经营规模；注重高素质、高技能农业劳动力培养，鼓励发展各类农业联合体和合作社，改善农场经营管理水平；拥有高度发达的农业科技，保障德国农业竞争力；拥有非常发达的农产品加工业，提高农业生产附加值；实施欧盟共同农业政策，加大对提高农业竞争力等的支持力度。

5. 荷兰——出口、技术、优质高产

立足欧盟、着眼全球，大力发展出口导向型农业；建有高度发达的设施农业，利用资金密集的先进农业技术来取得较高的农业产出；因地制宜发展大田种植、园艺、畜牧与农产品加工业，凸显优质、高产特色；实施欧盟共同农业政策，加大对提高农业竞争力等的支持力度。

6. 韩国——特色、区域性产业

实行新村运动，采用政府主导、农村提出申请的方式进行精准建设；以提高农民收入为核心，着力改善农民生产、生活环境，引导农村发展特色产业、区域性产业。

7. 美国——高端、全金融服务

对农业制订全方位扶持保护政策，促进农业规模化、高端化、品牌化发展；政策性、商业性和合作性金融机构三足鼎立，分别发挥引导、核心和扶持作用。

（三）产业兴旺的发展方针

1. 坚持因地制宜

产业兴旺具有丰富的内涵。实施乡村产业兴旺既要基于第一产业又不能囿于第一产业，而应着眼于优化第一产业，在此基础上大力发展第二、三产业，促进农旅结合、农网融合及第一、二、三产业融合，强化第一产业对第二、三产业的支撑力度，提升第二、三产业对第一产业的反哺力度。借助第一、二、三产业的相融相通和乘数效应，拓展农业发展空间，延伸农业产业链，拓宽农业产业幅，提升农业价值链，完善农业利益链，促进农业接二连三、跨二进三，推动农村第一、二、三产业融合发展。

农业关系到国计民生，是国民经济的基础。民以食为天，农业在任何时候、任何情况下都不能放松。然而，在调研中发现，在当前各地实施乡村振兴战略过程中，农业大多被不自觉地轻视了。虽然大家都在谈农旅结合，但实际上"农"讲得不多，"旅"讲得较多；在资金投向上，对"农"投得不多，对"旅"投得较多，轻视第一产业的倾向在有的地方较为明显，这并不符合"产业兴旺"的客观要求。农是本源，否则第一、二、三产业融合就成了无源之水、无本之木。

因此，还是要坚持基础产业不能动摇，与此同时，不排斥农旅结合，而是积极鼓励利用农业的多功能性，充分发挥农业的生产、生活、生态功能，推进农旅结合，第一、二、三产业融合发展。具体到工作中，要大力发展"农业+"，农业适合与什么结合就与什么结合，但核心还是要进一步发展和改善农业产业，着力推进农业产业发展的绿色化、优质化、特色化和品牌化。

一切从实际出发，千万不能照搬照抄，用一个模式去套。落实到某一个具体的乡村，则要坚持宜种（种植业）则种、宜养（养殖业）则养、宜林则林、宜旅则旅、宜工则工、宜商则商、宜运（物流业）则运，要根据各个乡村的实际情况来选择和培育产业发展方向。在这方面，浙江省已涌现出了许多典型案例，如安吉县黄杜村发展白茶产业、永康市下贵村发展养龟产业、余姚市横坎头村发展红色旅游、磐安县乌石村发展乡村旅游、临安区白牛村和缙云县北山村发展农村电商、象山县东门村发展美丽渔村等，都实现了强村富民的产业兴旺目标。这些乡村之所以能够取得成功，是因为做到了因地制宜，基于对优势产业的发展和壮大之上，对新的产业和业态进行积极培育，对新型乡村产业体系进行构建，推动"美丽资源"更快速地转化为"美丽经济"，达到了产业兴旺、农村繁荣和农民增收。

2. 坚持规划先行

坚持规划先行就是坚持将科学规划作为引导。要以乡村功能定位和具体状况为基础，对科学的、系统的产业发展规划进行设计和制订，先一步对产业发展的基础条件、重点任务、阶段目标和行动方案进行明确，作为指南针引领乡村产业的发展和兴旺。如今，部分乡村地区的产业发展缺乏明确的目标，通常是随意跟风，没有进行充分的调查和论证，隐藏了很多隐患。

进行规划时要注意多规合一。乡村产业的发展不是孤立的，而是与多方面要素相互影响的，其规划也要与土地利用总体规划、生态环境保护规划、城乡建设规划、县（市、区）产业发展规划等相互融合、衔接，不能各行其是，这样规划才能够顺利落实。产业发展规划必须充分与当地主导产业规划和乡村发展规划相结合，使自身更具有可行性。

对于制订好的规划，要做到长期贯彻落实，一张蓝图绘到底。所有产业的发展都是有过程的，需要长时间的培育，不可操之过快、急功近利，也不可虎头蛇尾、随意更换。

3. 坚持群众主体

群众是乡村产业兴旺的主体，要使其发挥主体作用，不能使群众成为漠不关心的旁观者和盲目的听从者。推进产业兴旺，从根本上看就是做好群众工作，群众是其最根本的动力，最重要的基础，发展农村产业需要充分发动群众，依靠群众，尊重群众，使其能动性、积极性、创造性得到充分发挥。要做吸引群众参与，而非强制群众参与，不能代替群众解决，发展什么产业、怎么发展要坚持群众路线，依靠群众的力量，相信群众的智慧，而非强调长官意志。要始终坚持群众的主体地位，做好群众工作，统一群众理念，引导群众参与，做到劲往一处使，让群众参与并推动农业产业兴旺。

4. 坚持改革创新

坚持改革创新，不仅要推进改革持续深化，还要加强体制机制创新，借助创新来激活市场、要素和主体，促进乡村产业兴旺新动能的培育、激发和强化，着重强调农户承包地制度、闲置农房和宅基地、社会化服务体系、财政与金融等方面的创新和突破。

（1）推进农户承包地制度改革创新

由于多重因素的作用，现今部分农村地区的土地存在弃置、荒废和随意种植的现象，没有充分挖掘出利用潜力。所以，需借助创新将承包地资源激活，对农户承包地确权进行全面登记颁证，第二轮土地承包到期后再延长30年，基于此对农户承包地的合法流转进行倡导。

对集体所有权与农户承包权的关系作出进一步明确，对农村集体关于承包地的各项权能进行大力维护，促使其能够有效履行承包地集体所有人职责，使得农户承包土地流转方面集体的话语权有效提高。要做好农村承包地经营权的登记发证工作，有力落实农村承包地"三权分置"制度，有力推动农村土地利用制度改革进程，充分发挥国家政策优势，强力开展土地整治，借助整治山垄田、冷水田，实现建设用地指标的增加，整治后形成一定规模的土地可发包给新型经营主体来发展规模经营，提高土地利用率。

（2）推进闲置农房和宅基地改革创新

对农村宅基地的三权分置制度的实现进行有效的探索和完善。倡导运用农村存量建设用地开展涉农项目建设，支持有条件的乡村利用农村闲置房屋和集体建设用地发展休闲农业和第二、三产业。基于土地利用总体规划的要求，对村庄的用地布局进行调整，对分散的建设用地进行有效利用。

农村集体经济可与其他主体联合，按照法律规定，采取建设用地自办或以土地使用权入股、联营等方式，实现合作，组建休闲旅游接待服务企业。将闲置农房和宅基地的活力充分释放出来，将之改造为民俗或者养老院、农家乐等，吸引城市居民，发展乡村旅游和康养产业。搬迁后留下的乡村原址，可以用于农业设施和乡村旅游，也可以结合实际情况采取复垦措施，并利用市场将增加的用地指标转化为资金，发展乡村产业。

（3）推进社会化服务体系改革创新

促进农技推广体制的快速转变，使之尽早成为社会化服务体系，深化"三位一体"改革，大力培育农业社会化服务的多元主体，鼓励吸引各方参与、投资和经营，整合与统筹各种支农政策措施，从而促进农业社会化服务体系创新，使之主体多元化、服务专业化、运行市场化，推动农村服务体系的现代化进程。

创新财政支持方式，推广政府购买服务的方式，根据实际项目确定服务费，充分提升财政的利用率，激发科技人员积极性。将能力作为重要标准，不管是接受过高等教育的专业人员，还是有着多年农业经验的农民专家，或者是农技推广人员等，都鼓励其参与社会化服务体系，促进全产业链社会化服务体系建设，为社会化服务企业发展提供有力支撑。

（4）推进财政与金融体制改革创新

着力健全和优化涉农财政资金统筹整合机制，强化涉农财政资金整合工作，优先支持、聚焦投入现代农业和新型乡村产业发展。创新和尝试财政撬动金融支农新模式，增强财政资金的杠杆作用，借助多种金融杠杆政策，吸引带动金融投资，有效解决乡村产业发展在融资方面的问题。

设置风险保障资金，采取多样化的金融杠杆政策，使更多民间资本参与投资。对吸引工商资本参与乡村产业兴旺提出意见，促使更多的工商资本、金融资本、社会资本参与到乡村产业兴旺当中，对各类金融机构创新服务三农产品、拓展三农业务给予充分支持，推动涉农贷款投放持续增长。

5. 坚持真抓实干

坚持真抓实干，需具备充分的战略定力和耐心。大喊口号、大做运动，看似声势浩大，但是缺乏持久性，只能带来短期的效益，甚至会对未来的长远发展带来阻碍。

各农村地区在发展产业的时候，难免会出现大喊口号、大做运动的现象，如建设特色小镇等往往是盲目跟风，徒有其模式，没有学到实质，最终出现严重的同质化问题，缺乏地方特色。所以，发展乡村产业需坚持真抓实干，避免形式化，避免"运动式"，否则白白耗费资金。

6. 坚持党建引领

基层党组织是产业兴旺各项政策的最终执行者。发展农村产业，必须坚持党建引领，打好工作基础。在工作中，要重视党的基层组织建设，打造优秀队伍，促进产业兴旺。人才始终是产业发展的一大关键，有了人才，农村产业才能兴旺，但反过来，产业也是留住人才的一大重点，有了具备潜力的产业，人才才会投入其中。要推进农村产业兴旺，就必须做好党建，为其发展做好引领，产业有了良好的发展，也能够对基层党建和乡村治理进行巩固和提升。

所以，对于"当家人"的选配一定要予以充分重视和采取有力措施，合理调换工作不合格的村支书或者村"两委"队伍，合理外派，做到对上级的各项要求的有效落实。发挥村级班子的基层发动与组织功能，发挥班子成员的积极性和创造性，鼓励、引导其参与乡村产业兴旺，带动群众参与创业和就业，共同促进乡村产业兴旺。

二、乡村振兴战略的关键——生态宜居

乡村是古今中外文人墨客描绘的景物，也是多数人留恋的故乡。乡村的美丽是多数人良好的愿望与憧憬，而美丽中国、美丽乡村建设和乡村振兴战略已经吹响了让乡村再次美丽、令人向往的号角。美丽中国的起点和基础是美丽乡村。乡村振兴战略的重点是建设生态宜居的美丽乡村。这更加突出了新时代生态文明建设与人民日益增长的美好生活需要的内在联系。

乡村生态宜居建设是乡村振兴战略的关键，是推进我国城乡协调发展的重要举措。随着乡村振兴战略的实施、乡村生态宜居建设将进入新的发展阶段，实现从过去的发展模式向内涵品质提升的阶段性转变。乡村生态宜居是对生产、生活、生态为一体的内生性低碳经济发展方式的乡村探索。

（一）生态宜居的实施路线

关于乡村生态振兴工作，必须坚持人与自然和谐共生，走乡村绿色发展之路。以绿色发展引领生态振兴，统筹山水林田湖草系统治理，重点对农村突出环境问题进行综合治理，建立市场化多元化生态补偿机制，增加农业生态产品和服务供给，实现百姓富、生态美的统一。这为建设美丽宜居乡村指明了方向和行动路线。

1. 编制并实施绿色生态、可持续发展的乡村振兴战略规划

以绿色发展为引领，统一各级党委、政府的思想。让"绿水青山""蓝天白云""沃土千里"成为守护美丽宜居示范村的环境摇篮，形成生态系统平衡发展的"动力"系统。

2. 制订实施山水林田湖草系统治理方案

坚决打赢蓝天、碧水、净土保卫战，加快生态保护与修复，改革完善生态环

境治理体系，统筹实现蓝天碧水绿草地。对现有生态资源和山、水、林、田等进行全面规划和有序治理，不断优化生态环境。加强生态生物多样性保护，持续推进治水兴渔、护草守牧、荒山绿化行动。

实施水污染防治行动计划，推进河长制、湖长制，坚持污染减排和生态扩容两手发力，加快工业、农业、生活污染源和水生态系统整治，保障饮用水安全，消除城市黑臭水体，减少污染严重水体和不达标水体。全面提升乡村空间治理，改善农村人居环境，以循序合理的乡村建设与改造、治理，实现乡村生活"田园式"栖居。从"村村通"到"户户通"，持续推动基础设施与基本公共服务的升级保障，实施村容村貌改造工程。

3. 倡导绿色发展和低碳生活方式

生态宜居作为实现乡村振兴的底层和根本要素，全领域综合污染治理是关键先导工程，以攻为守，夺取和恢复人居环境的宜居。构建生态宜居振兴的"免疫动力系统"，从工业污染物排放监测和综合治理、移动机动排放监测整治、家庭生活用能排放与锅炉排放、建筑扬尘、秸秆燃烧等重点领域的监测整治、综合防治工业固废及噪声、危险废物、辐射环境污染的治理分类防治大气污染。

加快调整乡村能源利用结构，鼓励高效清洁用能和新能源推广利用，推行激励与约束并举的节能减排新机制，完善农村环境税收价格政策，多渠道拓宽乡村节能改造、能源投融资渠道。实施生态发展提升工程，倡导绿色低碳办公、绿色出行，大力发展公共交通和骑行生活方式。推进循环生态体系和绿色建筑，降低能耗，提高森林覆盖率。

4. 全面治理农村环境

分类管控防治大气污染，多措并举治理土壤污染，源汇并重实现流域水体防治，多方参与规范农村生态监管，全面建设美丽宜居示范村，强化乡村生态环境综合治理。强化区域联防联控，减少重污染天数，改善大气环境质量，增强人民的蓝天幸福感。将农村垃圾、污水治理和村容村貌提升作为重点，开展农村人居环境治理。强化农村生活环境管理、保障农村饮用水安全，实施村容村貌改造工程，持续改善乡村生活居住环境。

5. 形成绿色低碳发展的产业体系

一是遵循新发展理念，优化产业结构、能源结构、运输结构、用地结构。全面实施土壤污染防治行动计划，对重点区域、行业和污染物展开针对性的重点防治，强化对农业用地和城市建设用地土壤环境风险的管控。以自然恢复为主，有计划、有系统地开展全国生态保护与修复工作，全面划定并严守生态保护红线，提高生态系统的质量和稳定性。

二是加大土地污染综合治理与生态修复。实施监测"三公开"制度，建立属地监测中心站与上级及国家土壤环境信息化管理平台联动机制，提高年度定期自行土壤监测行动频率。以农业"两区"土地为重点，开展农田土壤污染防治行动计划，完善农田土壤污染监测预警体系，强化重金属污染耕地防控和修复，设立土壤污染治理与修复技术应用试点。在污染耕地集中区域，开展受污染土地综合治理与修复试点示范工作，探索土壤修复新技术、新模式。制订农用地污染防治相关技术规范，加快形成标准修复技术和科学治理推广模式。

三是落实问题清单、危险废物转移办结公示情况等全域污染源调查，采取重点问题式清单导向治理。实施流域环境和近岸海域综合治理，完善"四边三化""三改一拆"等治污措施，确保水质达到五类，力争达到四类。

6. 完善生态补偿机制和监督约束办法

实现生态产业化、产业生态化。建立山水林田湖草生态系统首长责任制。实施山水林田湖草生态修复计划，推进生态系统有序治理。完善以奖促治政策，逐步构建生态产品购买、森林碳汇等市场化补偿制度。开展生态建设和保护以工代赈做法，提供更多生态公益岗位。

7. 实施农产品生态化工程

为社会各界提供生态、有机农产品和综合化的生产生活服务。大力发展绿色产业，关注调整改造传统产业和发展新能源、节能环保等新兴产业。推动产业绿色化发展，建设一批示范主体，打造生态循环农业新型农作模式。

（二）生态宜居的建设方针

1. 环境治理

一是针对已被污染的环境，采取相应的措施予以治理。二是对可能产生污染的生产活动进行预防。治理和预防一定要从源头抓起，对污染性生产进行必要的治理。例如：大气污染，通过对排放出的气体进行治理，降低和减少有毒气体的排放量；污水要通过治理，使其有害物质降到最低，不会危害人体健康；固体污染物可以通过处理再次利用，变害为利。总之，应通过治理，变污染废物为可利用的资源，增加和节约资源，达到合理利用、变废为宝的目的。要把环境治理和保护作为乡村生态宜居建设规划的一项重要内容。

（1）建立安全、清洁的生产机制

环境保护的预防实质就是建立安全、清洁生产的保障机制。在企业建设之初，从规划阶段就要建立在安全、清洁生产的要求之上，从根本上堵住污染的源头。

（2）加大环境保护管理力度

加大环境保护管理的力度，一是要加强对污染企业的管理，增加排污费用，用于污染物的治理；二是限制污染严重企业上马，对那些污染严重又无治理能力的企业，坚决不予批准；三是对那些污染严重又无治理能力的企业，一定要关、停、并、转，严禁再生产；四是禁止使用污染严重的农药、化肥和难以降解的塑料薄膜；五是要根据当地实际情况，分片建设污水处理场所，达到污水治理标准。

（3）农村建设要走"四节""八新"的建设道路

"四节"，即节地、节能、节材、节水；"八新"，即建设新环境、利用新能源、利用新材料、建立新的管理和服务体系、建设新的基础设施和公益建筑、培育和完善新的社会主义市场体系、培育和造就新一代农民、建设社会主义新农村和树立新风尚。

2. 生态建设

（1）建立循环经济

建设社会主义新农村的一项重要任务就是建立农村的循环经济，以农业资源为基础，对农产品进行深加工，充分利用资源进行再生产，尽可能实现废弃物质资源化利用，充分发挥资源的利用效率。

（2）使用新能源

我国农村面广点多、人口众多，能源消耗量大，农村生态环境较差，农民收入偏低。使用新能源就是减少煤炭、石油等耗竭资源的使用量，尽可能使用太阳能、水能、风能、潮汐能、地热能和一些再生能源、充分利用自然能和再生能源，减少污染，节约资源。

（3）农业生态环境建设

我国人口多、开发历史久远，人类对自然资源的过度开发造成自然环境和农业生态环境的严重破坏，使得农村生态环境较差，成为农村生产、生活的重要限制因素。因此，乡村生态宜居建设规划必须把农村生态建设作为一项重要任务。

3. 生态农业建设

实践证明，要遏制生态破坏，保护和改善农业生态环境，实现农业现代化和保持农业可持续发展，必须发展生态农业。生态农业建设规划的指导思想是以生态理论为指导，充分认识农业生态系统是农村复合生态系统中的一个半人工生态系统，农业生态系统不但自身处于高效稳定运转状态，而且要与其他生态系统保持协调稳定。

应因地制宜制订生态农业模式，充分合理利用农业内部的能源和资源，注重农业自然资源，注重农、林、牧、副、渔等各业的全面发展和合置，促进农业生态系统的良性循环，使自然资源得以永续利用。注重经济与环境协调发展，使经济效益、社会效益和环境效益达到高度统一。

4. 生物多样性保护和自然保护区建设

生物多样性包括遗传多样性、物种多样性和生态系统多样性。生物多样性保护了农业生产的重要资源，也是当今自然保护工作的一个热点。保护生物多样性的最有效途径就是建立自然保护区，具体措施如下。

（1）保护生物多样性

调查自然保护区现状，按照建立自然保护区的条件和标准，同有关部门共同确定保护对象及其类型级别。

（2）确定保护区

确立自然保护区具体地点，并划定保护范围。

（3）建立管理机构

建立相应的管理机构，提出自然保护的要求，并制订防护措施。

5. 农业生态林建设

根据农业环境保护目标，对规划区域内宜林、宜草的荒山、荒地、荒坡、荒滩面积进行普查统计，划出范围，进行绿化，提高植被覆盖率；对于水土流失、草场退化、土地沙化严重的地区，会同有关部门划出退耕还林、还耕、还牧区域；对林业用地、各种防护林、道路、农田林网等采取相应的绿化措施；制订并执行有关法规，提出相应的管理措施，以保护森林植被资源，提高绿化覆盖率。

6. 水环境治理

水环境规划方案是由许多具体的技术措施构成的组合方案，这些技术措施涉及水资源开发利用与水污染控制的各个方面。水环境污染治理的基本途径有两种。其一，减少污染物排放负荷，对环境质量不能达到功能要求的区域实施污染物排放总量控制。其二，提高或充分利用水体的自净能力，提高水环境承载力，并有效利用环境容量。其具体措施如下。

一是严格执行排放标准。浓度控制是对人为排入环境的污染物浓度所做的限制规定，以达到控制排污量的目的。二是企业清洁生产。清洁生产是一种基本的污染防治战略，企业在带动区域经济发展的同时，也带来了较大的环境污染。企业清洁生产、减少污染负荷是乡镇企业的正确发展方向。三是污水治理与资源化。建设污水处理设施是解决城镇水环境污染的最终出路。应根据经济社会发展水平，在有条件的地区开展污水治理和污水资源化工作。污水经二级或三级处理后，可以考虑中水回用和污水资源化。例如，可以考虑利用中水进行绿化或街道冲洗等，达到农灌标准的污水可以考虑用于农灌，这样既节省了水资源，又减少了水污染。四是农业污染控制。采取调整农业结构、农作物轮种等方法，改善土壤结构。在农田内开展绿化林网，在适宜的地区进行坡耕地改造，减少水土流失。合理使用化肥农药，提倡施用有机肥，控制化肥农药的使用量，淘汰高残留的农药。开展有机农业、生态农业建设，逐步调整农业结构，发展绿色农业，控制畜禽养殖污染。规模较大的畜禽养殖企业要规范污水排放去向，并进行污染治理，粪便要合理利用，在堆存期间进行地基防水处理，并避免被水浸泡，防止污染地下水。

三、乡村振兴战略的根本——生活富裕

乡村振兴战略实施的效果如何，关键还是要通过农民的腰包鼓不鼓、是否实现了生活富裕来进行检验。生活富裕是实施乡村振兴的根本落脚点。我国"三农"问题的核心是广大农民群众的收入问题。生活富裕既是乡村振兴的根本，也是实现全体人民共同富裕的必然要求。农民生活富裕是中国共产党和各级政府最重要的努力方向之一，也是考验地方党委和政府执政水平和政治素养的重要方面。

（一）生活富裕的实施路线

生活富裕是乡村振兴战略的目标和决定性指标，关系到我国"十三五"规划

实施成效和决胜全面建成小康社会胜利的关键。全面建成小康社会，标志性的成果至少含有农村贫困人口全部脱贫、贫困县全部摘帽。打好脱贫攻坚战，关键是打好深度贫困地区脱贫攻坚战，攻克贫困人口集中的乡和村。乡村振兴战略事关国家现代化和中华民族伟大复兴。生活富裕是乡村振兴的重要目标，也是各地区"三农"工作的重点。

1. 增加集体和农民收入

按照"消除空壳村、扶持薄弱村、壮大富裕村"的思路，优先保障集体经济发展，加强农村"三资"管理，拓宽农民增收渠道。加强县、镇两级农经管理队伍建设，完善农村集体"三资"委托代理服务，积极推行会计聘任制，规范村级财务公开。

开展村庄经营，引导新型经营主体和集体经济组织建设标准厂房、商铺、营业用房和来料加工点等农民创业基地。鼓励村集体和有条件的农户依法向金融机构融资担保、入股从事农业产业化经营，获取财产性收入。

2. 提升创业就业质量

加大乡村人力资源开发，多渠道支持农民创业，全方位提高就业质量，多元化提供创业就业保障，提升创业就业质量。引导工商资本和各类人才下乡，开辟农村创业"蓝海"，享受农村创新创业"红利"。构建一批"线上线下、虚实一体、阳光便捷"的就业服务平台。培育一批家庭工场、手工作坊、乡村车间，鼓励在乡村地区兴办环境友好型农产品加工类、传统工艺类、大数据类、休闲旅游类、农耕文化类、农业服务类新企业，促进乡村经济多元化，创造更多就业岗位。

3. 推动城乡基础设施互联互通

完善交通物流和仓储基础设施，强化水资源和能源、通信等基础保障，实施数字乡村战略，构建清洁高效能源体系，推动城乡基础设施互联互通，促进农村基础设施提档升级。全面推进城乡客运公交化和城乡公交一体化建设，鼓励发展镇村公交。

倡导低碳生活，节约利用生产生活用水，保障水资源供应能力，实行水资源消耗总量和强度双控行动，加大水资源统一调度力度，确保空间均衡，合理分配客水指标，保证居民基本用水。推动农村地区宽带网络和第四代移动通信网络覆盖快速进行，对适应三农特点的信息技术、产品、应用和服务进行开发。推进农村能源服务体制机制创新持续深化，构建清洁高效、多元互补、城乡协调、统筹发展的现代农村能源体系。

4. 构建农村公共服务体系

优先发展农村教育，重点发展农村医疗，持续优化社会保障，构建覆盖城镇、普惠共享、公平持续的基本公共服务体系。加强新型农民职业教育，建立与区域经济社会发展需求、现代产业体系和社会就业相适应，相互衔接、协调发展、开放兼容的现代职业教育体系，逐步分类推进中等职业教育免除学杂费。完善学生资助制度，把农村需要的人群纳入特殊教育体系，促进优质学校辐射农村薄弱学校常态化。完善农村教育保障体系，建立长效运营机制。全面实施社会保险改革，推广全民参保登记计划，完善城乡一体化的社会保险体系。

5. 打好精准脱贫攻坚战

做好乡村振兴与扶贫攻坚有机衔接，坚持精准扶贫、精准脱贫，把提高脱贫质量放在首位。促进产业扶贫、开展教育扶贫、加强精神扶贫、实施金融扶贫、推进社会扶贫、夯实重点扶贫，打好精准脱贫攻坚战。完善社会扶贫供需对接机制，整合全行业志愿服务资源。探索"互联网+"社会扶贫模式，搭建农村最低生活保障工作的动态化精细化管理系统，实现扶贫资金、资源与贫困对象精准对接。

6. 出台产业优先扶持政策

在土地、资金、人才等方面给予农业农村优先扶持，并加大党管农村和干部任用力度，提高各方面对农业农村的重视和投入，快速提高农业发展质量和效率。

（二）生活富裕的实践案例——以日本川场村城乡合作共赢为例

在乡村振兴战略方面，关于实现生活富裕的路径有很多，这里以日本群马县川场村为例，重点论述该村如何从衰败走向繁荣。

日本川场村位于群马县北部。20世纪60年代，川场村逐渐衰败，1971年被日本政府认定为过疏地域（即人口与户数锐减、地域老龄化、经济萎缩、生活信念低落等）。为了摆脱困境，川场村于1975年确立了发展"农业+观光业"的乡村振兴策略。1981年，川场村与东京都世田谷区结为姐妹关系，开展全方位的城乡交流。

一是实施了乡村服务城市计划，1981—1990年，世田谷区与川场村缔结"区民健康村相互协力协定",共同成立"世田谷区川场故乡公社",以服务城市居民为主要目标,健康村主要为市民提供疗养、自然体验活动、农产品与手工艺品销售等服务。

二是自 1991 年以来实行城乡互助,共建富裕乡村。这个阶段,川场村、世田谷区以及林地所有者三方共同合作,以"中野馆"附近 80 万平方米范围的森林为对象,开展森林保护等系列活动,推动文化交流、农产品品牌化等城乡合作项目。2007 年开始,在"友谊林"计划成功的基础上,推动实施了后山整备计划、农林再生事业等城乡合作活动,引进了环保企业与志愿者组织、改造了居民房屋,业务范围扩大到了城市居民疗养、自然体验、农产品生产、民宿、文化会馆、食物工坊、田园广场等旅游与生活需求。

为发展乡村旅游业,川场村建设了"历史民族资料馆""名主纪念馆"等文化旅游设施,景观设计保留了农村面貌,地面路径维持了田间小路的原貌,路牌指示了路径的地理信息,介绍了农产品信息。

总体来看,川场村的产业转型和发展模式重点体现了社区营造的五要素。

(1)人:城乡合作共赢,乡村力量主导。

(2)景:注重空间品质,保留农业景观。

(3)文:延续地域传统,促进文化交流。

(4)地:开发与保护同时进行。

(5)产:农业产业化、品牌化。

川场村借助城乡互动计划,逐步从"过疏地域"的衰败村落发展成城乡居民共享的"魅力故乡",实现了以农业与观光业为主业的可持续发展。

四、乡村振兴战略的保障——乡风文明

乡风文明是乡村振兴的重要内容,是我国传统农耕文化和优秀乡村文化的传承与融合。乡风文明是乡村文化建设和乡村精神文明建设的重要目标,培育文明乡风是乡村文化建设和乡村精神文明建设的主要内容。

(一)乡风文明的实施路线

乡风文明是乡村振兴的关键。文明乡风是建设文明中国的根基和强大力量。

中华优秀传统文化深深扎根于乡土社会，要对其进行传承和弘扬，就要进行文明乡风的培育和传承。推进乡村乡风、家风和民风文明，应重点落实如下 4 个方面措施。

1. 加强思想引领

把习近平新时代中国特色社会主义思想作为实施乡村振兴战略，建设文明乡风、家风和民风的思想引领，持续传播党的十九大精神。聚焦脱贫攻坚、绿色发展、共建共治共享社会治理等农村热点问题，研究制订解决问题的思路和方法，引导农村干部群众坚定信心，鼓足干劲，自觉投身乡村振兴的伟大实践。

2. 建设文明新风

积极推动和塑造农村新风尚，杜绝厚葬薄养、人情攀比等陈规陋习。传播科学、健康的生活方式，移风易俗，敦风化俗，引导农民享受现代文明生活。落实村民议事会、道德评议会、红白理事会等村民组织，开展乡风评议，推动自治、法治、德治的融合，整治陋习，树立良好风尚。

3. 塑造良好乡风

开展乡村精神文明创建活动，培育和践行社会主义核心价值观。倡导良好家庭、家教、家风，加强农村家庭文明建设。开展星级文明农户、五好文明家庭等评选活动，关爱农村留守儿童、留守妇女、留守老人，开展农村志愿服务活动。

4. 抓好环境整治

将乡风文明与生态环境建设紧密融合，坚持人与自然和谐共生，践行"绿水青山就是金山银山"的理念，以建设美丽宜居村庄为指引，落实农村人居环境整治工程。加大农村垃圾污水治理和村容村貌建设，强化农村厕所革命，改善农民生产生活条件。深化农业供给侧结构性改革，主动补齐农村人居环境短板。树立现代生态文明观，倡导人与自然和谐共生，尊重自然、顺应自然、保护自然，建设生态宜居和谐的美丽乡村。

（二）乡村文明振兴的发展方针

1. 培育文化之魂

乡村文化指的是乡民在生产和生活中逐步形成并发展起来的道德情感、社会心理、风俗习惯、是非标准、行为方式、理想追求等，表现为民俗民风、物质生活与行动章法等，在潜移默化和长辈的言传身教中对乡民的思想行为等产生影响，对乡民的处世原则、人生理想以及对社会的认知模式等有所反映，是乡民生活的主要组成部分，也是乡民赖以生存的精神依托和意义。乡村文化受到了绝大多数乡民的认同和接纳，对于民族心理和文化传承而言具有独特作用。当社会已经有了较为发达的工业文明和城市文明，然而仍不能忽视乡村文化的独立的价值体系及独特的社会意义和精神价值。构建先进的乡村文化，一要对乡民的综合素质进行提升；二要对乡村文化基础设施进行重点建设，使之作为乡村文化的载体促进乡村文化的现代化，如建设"农家书屋"、村民文化活动中心等，使文化惠民活动常态化。构建文明乡风，必须扎根于乡村文化，对乡村文化进行深入挖掘，丰富文化样式，使乡村文化有牢固的根系。

作为文化创作的一部分，影视剧创作有着巨大的价值引领作用，能够有力促进文化繁荣发展。不同于书刊、广播，影视剧综合了视听语言，具有强大的传播优势，是最受群众欢迎的传播形式如今电视、手机等普及率较高，影视剧有着强大的感染力和吸引力，所以影视作品在群众的娱乐和文化生活中占据着愈加重要的地位，是如今最具影响力、负载社会文化意义最多的艺术样态。

2. 以文化铸魂需要接地气

信息传播技术持续发展，形成了丰富多样的文化传播形式，其中科技文化知识和农村题材的影视剧作品对农民影响最大。影视剧有助于弘扬中华文化，能够反映不同时代的生活面貌，有助于培养国民情操，以及丰富群众生活。中华人民共和国成立以来，涌现了大量农村题材的影视剧作品，这些作品对农村社会投以强烈关注，对农民在改革开放过程中经历的种种变化进行了深刻反映。这类影视剧的创作应当重点关注当下的农村改革实际，针对农民在新农村建设中的种种创举，此外，还有弘扬时代旋律，传播积极向上的思想精深，引领主流价值观，做到接地气、聚人气、提正气。如今，我国已经步入新时代，农村文化也要有新的发展，呈现出新的气象。

例如，影视剧的创作，其一，应制作出高质量的时代精品，对"三农"题材影视剧进行提档升级；其二，应树立思想标准，以内容创作为重心，通过影视剧传播正确的道德观念，充分发挥其宣传教化及价值引领功能。

现今，"三农"题材影视剧从促进农村文化、经济和政治建设的健康运行的视角出发进行创作，将促进乡村振兴作为创作目的之一，通过作品为乡村振兴提供精神滋养。创作者贴近乡村生活，饱含乡土情怀，细致观察乡村的改革发展，坚持马克思主义的引领，以敏锐的眼光挖掘乡村生活，将其改编为影视作品，向群众展示新时代乡村振兴建设的伟大历程和中国农民在农业现代化进程中的伟大壮举，传递和弘扬社会主义核心价值观，通过影视作品与观众达成情感共鸣，发挥价值引领作用。

3. 以文化铸魂要讲好农民故事

开展乡村文明建设，要坚持讲好农民故事，影视剧的创作也应如此。农村题材影视剧发展至今，其对农村生活反映的范围、对主题的挖掘及其艺术表达方式等在持续发展和优化，但是在实质上，农村题材影视剧仍旧是叙事性艺术作品，核心就在叙事方面，其内容和形式都要积极围绕着讲述农民故事来进行，越是优秀的创作越是将重心放在讲好故事方面。影视剧要想更加广泛和深刻地反应现实，就必须讲好故事，塑造好人物，从生活中挖掘故事和情节，对其进行艺术化创造，做到源于生活而高于生活。源于生活指的是创作要立足于实际，不能只凭想象和杜撰；高于生活指的是故事要反映本质，不能只停留于生活表面。本质不是个例，而是一种共性，能够使人获得理性认知，有所启迪。"三农"题材影视剧要讲好农民故事、以文化铸魂就要对农村的现实生活和现实矛盾进行反映，传达农民的真实诉求，展示农村未来发展的前景与路径。

第三章 大数据背景下的脱贫攻坚

第一节 大数据技术的简介

当今，大量的数据以前所未有的速度从诸如健康医疗、政府、社会网络、商业与金融等方面源源不断地产生。这是由信息技术的发展趋势所致，其中包括物联网、云计算以及智能设备的普及等。信息技术发展的强大支撑是包括互联网、分布式应用在内的各种信息系统以及运行在各种信息系统之上的各种应用系统，这些系统以其所采集、产生、处理和存储的数据全方位地服务于社会、经济等各个层面，而这些数据又以其量级巨大、产生或生成的速度极快并且种类繁多的特点造就了所谓的"大数据"。

大数据的概念不是突然出现的，而是信息技术发展的结果，大数据也将是新信息技术的宝藏。大数据中隐藏着巨大的机会和价值，将给许多领域带来变革性的发展，因此大数据研究领域吸引了产业界、政府和学术界的广泛关注。

大数据技术产生之前，机构、企业各部门不能长期存储所有的档案，也不能有效地管理巨型数据集。这是由于传统存储技术能力有限、管理工具僵化以及代价昂贵，在数据管理方面缺少大数据情景下所需的可扩展性、灵活性和高性能。事实上，大数据管理要求大量的资源、新的方法和强大的技术。更为精确地说，大数据要求清理、处理、分析、安全以及提供访问海量数据集的精细化。目前，人们已意识到，数据分析正日益成为信息经济的关键因素，只有发现数据中新的内涵，并提供个性化服务才能使企业处于经济竞争的有利地位。

一、大数据技术的定义

大数据的核心是从海量的数据中获取人们未曾发现的深层次的有用的知识，

而一些知识往往需要人类智能的参与才能完成，因此需要计算机提升对于数据的认知能力，对人类的意识、思维过程进行模拟，能够像人类那样进行思考，具备感知、理解最终决策的能力。①

（一）属性定义

大数据技术描述了一个技术和体系的新时代，被设计于从大规模多样化的数据中通过高速捕获、发现和分析技术提取数据的价值。这个定义刻画了大数据的显著特点，即容量、速度、多样性。

容量：大容量的数据不断地由百万个设备及应用中产生。2012 年，全球每天产生的数据量大约为 2.5EB（艾字节，1EB 约合 10^{18}B）。国际数据公司（IDC）的报告显示，2013 年全球数据总量约为 4.4ZB（泽字节，1ZB 约合 10^{21}B），并且每两年翻一番。也就是说，到 2015 年，全球数据总量将增长到大约 8ZB。

速度：数据是以快速的方式生成的，应该迅速处理以提取有用的信息和相关的内涵。例如，全球最大零售商沃尔玛公司每天中的每小时产生的用户交易数据量超过 2.5PB（拍字节，1PB 约合 10^{15}B）。

多样性：大数据由分布多元以多种数据格式产生，如视频、文档、评论、标志等。大数据集由结构化与非结构化、公共或私有、本地或远方、共享或私密、完整或非完整等数据构成。

（二）比较定义

大数据是指超过了典型数据库软件工具捕获、存储、管理和分析数据能力的数据集，这种定义是一种主观定义，没有描述与大数据相关的任何度量机制，但从时间和跨领域的角度来看，该定义中包含了一种发展的观点，说明了什么样的数据集才能被认为是大数据。

（三）体系定义

大数据是指数据的容量、数据的获取速度或者数据的表示限制了使用传统关系方法对数据的分析处理能力，需要使用水平扩展的机制以提高处理效率。此外，大数据可进一步细分为大数据科学和大数据框架。大数据科学是指涵盖大数据获

---

① 陆泉，陈静，刘婷. 基于大数据挖掘的医疗健康公共服务 [M]. 武汉：武汉大学出版社，2020.

取、调节和评估技术的研究；大数据框架则是指在计算单元集群间解决大数据问题的分布式处理和分析的软件库及算法。一个或多个大数据框架的实例化即为大数据基础设施。

本书的观点倾向于属性定义，原因包括以下 4 点。

（1）数据集的容量是区分大数据和传统数据的关键因素。

（2）大数据有三种形式：结构化、半结构化和无结构化。传统的数据通常是结构化的，易于标注和存储；而现在社交媒体以及其他用户产生的绝大多数数据是非结构化的。

（3）大数据的速度意味着数据集的分析处理速率要匹配数据的产生速率，是时间敏感型的应用。例如，大数据以流的形式进入企业，需要尽可能快地处理数据并最大化发挥其价值。

（4）利用大量数据挖掘方法分析大数据集，可以从低价值密度的巨量数据中提取重要的价值。

二、大数据的关键技术

（一）大数据的存储技术

由前文可知，大数据存储与管理技术是大数据系统的基础，只有做好数据存储与管理，才能进行后续的操作，所以大数据存储与管理技术对整个大数据系统都至关重要，大数据存储与管理的好坏直接影响了整个大数据系统性能的优劣。

在大数据系统中，由于数据量的庞大，大数据的存储都是采用分布式存储的方式。大量的数据被分块存储在不同的数据中心、不同的机房以及不同的服务器节点上，并且通过副本机制来保持数据的可靠性。

大数据领域最著名的存储技术就是谷歌（Google）的 GFS 和 Hadoop 的 HDFS，HDFS 是 GFS 的开源实现。HDFS 的设计理念非常简单，当一台计算机无法存储所有需要的数据时，就使用多台机器共同存储，当机器数量越来越多时，就形成了一个大规模的集群。

HDFS 的架构如图 3-1-1 所示，采用主从的结构，一台主节点上运行 Name Node 守护进程，一台节点上运行 Secondary Name Node 守护进程，其他节点上运行 Data Node 守护进程，所有数据都以块的形式存储在 Data Node 节点上。

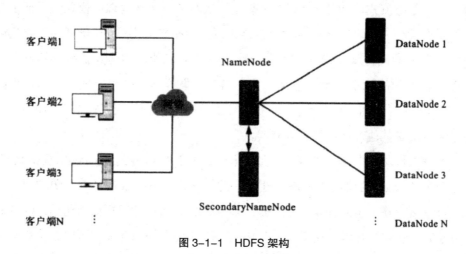

图 3-1-1 HDFS 架构

Name Node 称为名称节点，它的功能是存放数据。在 Name Node 节点存放的数据文件的目录，就是文件系统完整的索引。实际上 Name Node 中一共有两种文件：一种是文件系统镜像（File System Image），它包含完整的元数据（描述数据的数据，用于指示数据的存储位置等）；还有一种就是日志文件，日志文件记录了数据的改动。而之所以不把对数据的改动直接更新到文件系统镜像中，是因为文件系统镜像非常大，实时更新的速度会非常慢，且效率很低，所以当数据频繁改动时，只要记录在一个日志文件中，定期将日志文件合并到文件系统镜像中即可。

Secondary Name Node 称为第二个名称节点，与 Name Node 一样，Secondary Name Node 节点里存放的也是文件系统镜像和日志文件，它的作用主要有两点。一是代替 Name Node 执行合并操作。Name Node 需要随时为集群提供服务，有时候可能没有多余的资源进行合并操作，所以 Secondary Name Node 会将 Name Node 中的文件系统镜像和日志文件拷贝到本地，然后将其合并返还给 Name Node，以减轻 Name Node 的负担。二是提高名称节点可靠性。因为名称节点只有一个，所以发生故障时会导致系统不可用。这时候就需要 Secondary Name Node 将最新的文件系统镜像交给解决好故障之后的名称节点或者重新替换掉的名称节点，从而帮助名称节点恢复工作。

HDFS 是大数据的根基，它有以下四个优点。一是能够存储大规模数据。

HDFS 能够支持过万的节点，其数据量可以达到 PB 级，文件数量可以达到百万以上。二是能流式访问数据。HDFS 采用一次写入、多次读取的模式，保证了数据的一致性。三是可以运行在廉价机器集群上。HDFS 对硬件要求低，配置集群只需要普通的硬件就可以，不必专门购买昂贵的机器。四是具备高容错性。虽然廉价机器的故障率可能比较高，但是 HDFS 集群具有高容错性。因为数据在 HDFS 中保存有多个副本，当一个节点发生故障时，会使用其他节点上的副本，并且可以配置其他节点代替故障节点。

HDFS 的设计和 GFS 的高度一致，但是，由于 GFS 专门为 Google 提供服务，它会针对 Google 的使用需求进行性能上的优化，而 HDFS 是一个开源项目，所以 HDFS 要考虑到应对不同的业务逻辑需求，会尽量设计得更简洁通用。GFS 和 HDFS 的区别主要有以下两点。一是快照。GFS 拥有快照功能，可以在不影响当前操作的情况下对文件进行拷贝，其拷贝的结果实际上是产生一个快照文件指向源文件，该源文件会增加引用计数。二是垃圾回收。当任务完成且程序运行结束时，系统需要回收之前分配的资源。在 HDFS 中采用的是直接删除的方法，而在 GFS 中采用的是惰性回收的策略。所谓惰性回收，就是在任务结束时不会立刻回收所有文件资源而是标记这些文件资源，防止普通用户访问，一段时间后再删除。

（二）大数据的管理技术

人们通常使用数据库来管理数据，在大数据中也一样。与传统数据管理不同的是，传统数据多是结构化的数据，使用普通的关系型数据库管理就可以。而在大数据中出现了大量的半结构化和非结构化的数据，如果使用传统的关系型数据库，则无法很好地管理所有数据，所以在大数据管理中，通常使用非关系型数据库，其中最常用的就是 HBase。

HBase 采用了列式存储，列式存储源于 Google 的 Bigtable 论文，本质上就是一个按列存储的大表。

行式存储是按行存储数据，这样一张表的数据都是在一起的，如果只需要查询少数几列的数据，也需要进行大量的输入 / 输出（I/O），会浪费大量时间和资源。列式存储，其数据是按相同字段存储在一起的，每一列单独存放，不同的列对应不同的属性，属性也可以根据需求动态增加。这样就可以只查询相关的列，减少了系统的 I/O。

（三）大数据的处理技术

在存储了大规模的数据之后，就需要对数据进行处理。大数据处理技术主要是分布式计算，分布式计算的分类如图 3-1-2 所示。分布式计算主要有以 Map Reduce 为代表的批计算，以 Spark 为代表的内存计算，以 Storm 为代表的流计算，以 Pregel 为代表的图计算。下面将介绍这 4 种分布式的计算框架。

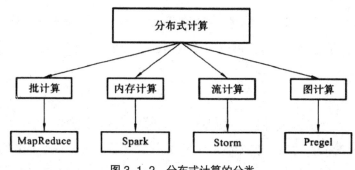

图 3-1-2 分布式计算的分类

1.Map Reduce

Map Reduce 是一个大数据的计算框架，它是一种离线计算框架，需要先将数据储存起来再进行计算，非常适合大规模的数据集中性计算。在 Map Reduce 之前并没有其他计算框架，那么为什么需要计算框架呢？因为在 HDFS 和 HBase 的基础之上要进行分布式并行编程并不是一件简单的事情，为了能够让所有的程序员都可以轻轻松松地开发出分布式计算的程序，Map Reduce 由此诞生了。Map Reduce 主要分为 Map 和 Reduce 两个过程，一个作业会被系统分成多个小作业，其中每一个小作业就是一个 Map 任务，它们被分配到各自独立的机器上执行，完成了 Map 任务之后又会开始 Reduce 任务，将 Map 任务的结果作为输入，并将结果进行规约简化，这样一个大的作业就被大量的节点共同完成。Map Reduce 计算框架主要有以下功能和优点。

（1）资源划分和任务调度

Map Reduce 架构中的主节点能够进行资源的划分和任务的调度，这样程序员就不需要了解如何将一个大作业分成小任务，再给每个人分配任务所需的资源，只需要把注意全部放在处理逻辑上，定义好了 Map 函数和 Reduce 函数之后，系统就可以自动完成整个分布式并行计算任务。

（2）故障检测和恢复

大规模的集群发生故障的节点是一种很正常的事情，Map Reduce 框架中的节点可以通过心跳机制来反馈节点的资源使用情况和健康状态。对于出了故障的节点只需要将故障节点的数据备份，故障节点上的任务就会交给其他节点执行，从而保障了系统的可靠性。

（3）减少数据通信

Map Reduce 框架可以对数据和代码进行双向定位，让处理数据的代码尽量在数据存储的节点上执行，这样可以减少数据迁移带来的网络延时，从而提高系统的效率。

2.Spark

Spark 与 Map Reduce 相同，也是一个大数据处理的框架，2009 年由加州大学伯克利分校开发，2010 年成为 Apache 的开源项目之一。在 Spark 的客户端上提交作业后，每个作业有一个作业驱动程序，然后由作业驱动程序提交给集群管理器，集群管理器给任务分配资源并安排 Worker 创建 Executor 执行任务。Spark 框架包含各种不同的组件，主要有以下 6 种。

（1）Spark Core。这是 Spark 的基础组件，提供 Spark 基础服务，包括任务管理、计算引擎等功能。

（2）Spark SQL。这是一个提供结构化查询语言（SQL）查询功能的组件，用于处理结构化的数据，便于熟悉关系型数据库的人使用。

（3）Spark Streaming。它提供了应用程序接口（API）进行实时数据流操作，有点类似于 Storm。

（4）Spark MLlib。提供机器学习相关的 API，包含机器学习常用的算法。

（5）Spark GraphX。提供图计算的库，API 源于图计算框架 Pregel。

（6）Cluster Manager。集群管理器，可以是 Spark 自带的单独调度器，也可以是 Hadoop YARN 或者 Apache Mesos。

Spark 与 Map Reduce 有很多相同点，但是 Spark 也有着自己的特性。一是 Spark 的处理速度快。Spark 扩充了 Map Reduce 的计算模型，可以支持更多类型的计算，更重要的是，Spark 是在内存中计算。而 Map Reduce 需要从 HDFS 读取数据，计算，再写入 HDFS，下一次计算时又重复此过程，所以 Map Reduce 包含了大量的 I/O 过程。Spark 从磁盘上读取数据之后每次计算不会将中间结果写回磁盘，而是将数据保存在内存中，等到完成了所有的任务，才将最后的结果写回磁盘，所以 Spark 的批处理速度比 Map Reduce 快了 10~100 倍。二是 Spark 更具有通用性。Spark 支持 Java、Scala、Python 等多种编程语言，支持更多的程序员使用，Spark 对于结构化数据也提供了 SQL 的交互式查询，使得非程序员也可以方便使用。另外，Spark 不仅自己带有独立的调度器，也可以运行在其他调度器之上，所以 Spark 不仅可以独立使用，也可以集成到其他集群中使用。三是 Spark 支持流式计算和图计算。Spark 不仅可以像 Map Reduce 一样进行批计算，也可以通过 Spark Streaming 组件像 Storm 一样进行实时计算，还可以调用 Pregel 的 API 进行图计算，极大地扩充了 Spark 的使用场景。

3.Storm

伴随着 Map Reduce 等大数据处理框架的发展，Map Reduce 的弊端也开始显现，这些大数据处理框架都是离线批处理，当面对需要实时处理的需求时，就显得无能为力。在这样的背景下，Storm 就此诞生。Storm 从一开始就是为了弥补 Map Reduce 只能做离线批处理的缺陷，所以它保留了 Map Reduce 的分布式处理、高度容错性和支持多语言等优点，并定位为一个开源的实时计算框架。目前，Storm 被广泛应用在信息流处理、连续计算、广告推送和实时日志处理等领域。

在 Storm 系统中，Nimbus 负责集群中的任务分配和状态监控，Supervisor 掌控所在的机器，根据主节点的指令来创建或者关闭 Worker。一个 Topology 被主节点分配到各个从节点执行，每个从节点可以包含多个 Worker 工作进程，其中每个工作进程可以包含多个 Executor 线程，每个 Executor 线程中有多个 Task 执行 Spout 或者 Bolt 任务。

在大致了解了 Storm 之后，那么 Storm 与 Map Reduce 的主要区别在哪呢？为什么 Storm 可以进行实时数据处理，而 Map Reduce 是进行离线批处理呢？可以从数据的角度来解释这两个问题。

在数据获取的阶段，Storm 是将获取的数据放到消息队列中，Map Reduce 是将数据存放到 HDFS 中。Storm 会实时读取消息队列并开始计算，而 Map Reduce 是存储到了大量数据之后再将数据送入计算系统。

在数据计算阶段，Storm 的进程是一直存在的，只要消息队列中一有数据就可以开始计算；而在 Map Reduce 中，其管理进程是对已经存储的大量数据开启计算进程，任务结束后又会关闭计算进程。并且 Storm 的计算单元之间的数据是通过网络直接传输，而 Map Reduce 的中间结果需要写入 HDFS，然后被后续计算单元读取。这样 Storm 的计算就少了大量的磁盘读 / 写时延。

在计算完了数据之后，Storm 直接将运算的结果展示出来，而 Map Reduce 需要等待所有的计算任务完成并写入 HDFS 后，再统一展现。

综上所述，Storm 的时延低，响应快，所以更适合用于实时数据处理。Map Reduce 虽然无法实时处理数据，但是它吞吐量大，一次处理的数据多，适合用于离线批处理。在实际使用中，需要根据实际的需求使用对应的计算框架。

4.Pregel

Pregel 是 Google 开发出来的大规模分布式图计算框架，与前面主要进行数据计算不同，Pregel 主要用于图计算，被广泛用于图的遍历和最短路径的计算中，与 Caffeine、Dremel 一起称为 Google 新的"三驾马车"。

在 Pregel 中，输入的数据是一个有向图，其顶点和边都含有属性和值。顶点与顶点之间通过消息机制传递数据，每个顶点可以有两种不同的状态，分别为活跃（Active）状态和不活跃（In-active）状态。初始状态时，所有的顶点都为活跃状态，当顶点接收到消息并需要计算的时候，保持活跃状态不变，当顶点没有接收到消息或者接收到了消息但是不需要计算时，将该顶点置为不活跃状态。

Pregel 的图计算由多个 Superstep 组成，在所有的顶点完成计算之后才算完成一个 Superstep，而且只有一个 Superstep 完成之后才能进行下一个 Superstep。每一个 Superstep 的计算过程如下。

（1）获取初始图数据，完成初始化。

（2）每个节点置为活跃状态，沿着图中的边向周围的顶点发送消息，该消息包括自身的状态数据以及出边的状态数据。

（3）顶点获取所有接收到的消息得到数据，并根据定义好的函数计算数据，更新自身状态。当顶点没有接收到消息或者接收到了消息但是不需要计算时，将该顶点置为不活跃状态。

（4）活跃状态的顶点继续向周围顶点发送消息。

（5）当所有的顶点都是不活跃状态并且没有任何消息发送时，计算结束；

否则进入下一个 Superstep，进行步骤（3）。

　　Pregel 的出现进一步丰富了大数据处理的生态系统，有了 Pregel 之后，许多实际应用中涉及的大型图计算，如社会关系图等问题就能够实现更高效的计算。实际上，在实际应用中，经常需要将多种不同的计算框架结合起来以便满足不同的需求。比如在一个网购应用中，需要使用流式计算来实时处理用户的数据并推送用户可能需要购买的产品广告，也需要离线批处理来计算所有用户一个月或者一年的消费总结，同时还需要使用图计算框架来计算用户之间的关系，形成完整的用户关系图。

（四）大数据的查询技术

　　随着这些大数据处理技术越来越流行，就会带来一个新的问题：习惯了用传统数据库和 SQL 的用户和数据分析人员怎么操作数据呢？当然他们可以学习那些数据处理框架，通过编写 Java 程序来达到目的，但是对于大量的用户来说，学习全新的框架未免过于麻烦，况且大多时候他们并不需要进行复杂的数据操作，而往往只需要从海量的数据存储中查询出所要的数据。在这样的需求下，基于各种计算框架的查询技术就出现了，下面介绍其中常用的 3 种。

　　1.Hive

　　Hive 诞生于脸书（Facebook）。为了让更多的人使用 Hadoop，完成大量的日志分析，Face book 开发了这个叫 Hive 的数据仓库工具。Hive 构建在 Map Reduce 之上，将结构化的数据映射为数据库表，提供了类似于 SQL 的查询功能，它的本质是将用户的 Hive SQL 查询语句解析成一个或者多个 Map Reduce 任务，通过完成 Map Reduce 任务来完成 SQL 查询。因为查询语句的解析以及 Map Reduce 任务的完成对 Hive 用户都是透明的，所以使用用户的学习和使用成本大大降低。习惯了使用传统数据库和 SQL 的工作人员也可以快速学习并掌握 Hive，完成对系统中海量数据的查询和简单操作。

　　实际上，在实际生产开发中，即使熟悉使用 Java 的工程师，也会优先使用 Hive，因为 Hive 非常精简而且易于维护。

　　2.Pig

　　Pig 是雅虎公司推出的操作 Hadoop 的脚本语言。虽然 Map Reduce 简化了分布式编程的过程，但是编写 Mapper 和 Reducer 后再打包提交到集群上仍然是一个复杂的过程。与 Hive 诞生的目的一样，Pig 也是为了简化 Map Reduce 的使用。

与 Hive 一样，Pig 处理的流程也是将用户提交的简单的查询脚本转换成 Map Reduce 任务之后执行。与 Hive 不同的是，Pig 不是一个类似于 SQL 的语言，它有一定的学习成本，这也是 Pig 没有 Hive 流行的原因，但是 Pig 比 Hive 更加轻量化，也更加灵活，可以更加方便地嵌入其他应用程序中。

但是由于 Hive 和 Pig 都是基于 Map Reduce 工作的，而 Map Reduce 又会带来大量的延时，所以 Hive 和 Pig 都无法进行低延迟的查询。

3.Spark SQL

介绍 Spark SQL 之前就不得不提一下 Spark SQL 的前身 Shark。上面介绍的 Hive 和 Pig 都是基于 Map Reduce 工作的查询工具，但是 Spark 处理框架上却没有类似使用简单的查询工具。为了更好地与 Map Reduce 竞争，美国加利福尼亚大学伯克利分校很快地开发出了一款叫 Shark 的查询工具。为了能尽快开发出这款工具，Shark 大量借用了 Hive 已经完成的工作。实际上，可以近似认为 Shark 只是把 Hive 的物理执行从 Map Reduce 改成了 Spark。由于 Spark 的计算速度远快于 Map Reduce，所以基于 Spark 的 Shark 查询速度相较 Hive 也提高了 10~100 倍。与 Hive 一样，Spark 已经问世就受到很多人的喜爱，也让更多的 Spark 使用者越来越频繁地使用。

（五）大数据的分析技术

在处理完数据之后，就要将处理之后的数据变成对人们有用的信息，这就涉及大数据分析技术。在大数据分析领域，出现了很多新兴的词汇，如数据分析、数据挖掘、机器学习和深度学习等，由于这些词汇概念模糊又容易混淆，所以下面先解释这些词汇的意思以及它们之间的区别。

1. 数据分析与数据挖掘

从广义上来讲，任何对数据的分析行为都叫数据分析，所以数据挖掘也是一种数据分析。通常所说的数据分析指的是狭义上的数据分析地就是根据分析的目的，用统计分析的方法来分析获取的数据，从中提取有用的信息。这其实就是一个通过数据浓缩提炼得到结论的过程。数据挖掘是指从大量的数据中，通过机器学习等挖掘方法，找出隐藏在数据中的规律。

数据分析和数据挖掘的区别主要有三点：一是数据量上，数据分析对数据量没有要求，而数据挖掘的数据量非常大；二是目的上，一般的数据分析都会带有一个明确的目的，为达到目的来对数据进行分析，而数据挖掘的目的不一定很明确甚至没有目的，最终得到的是大规模数据中隐藏的规律或者其他有价值的信息；三是应用的方法不同，数据分析主要采用传统的统计学方法，一般是人的智力作用的结果，数据挖掘主要采用机器学习的方法，是机器从大量数据中得到的有价值的规律。除此之外，数据分析的对象往往是数字化的数据，而数据挖掘的对象可以是声音、图像等多种类型的数据。虽然数据分析和数据挖掘有以上区别，但是数据分析与数据挖掘并不互相排斥，它们往往被一同用于使数据的价值最大化，为企业预测未来发展的趋势，提供可靠的商业决策。

2. 机器学习与深度学习

机器学习是一个统计学与计算机科学交叉的学科，目的是对机器给出一定的训练数据集，让机器通过数据不断地训练，性能不断提高。因为数据挖掘用到的方法一般是机器学习的算法，所以机器学习经常与数据挖掘放在一起谈论。而深度学习来源于对神经网络的研究，也是机器学习中的一种。大数据分析中最常用的方法就是机器学习，机器学习根据输入数据的有无标识，可以分成监督学习、无监督学习和半监督学习三种方式。

所谓的监督学习，就是机器在处理实际数据之前，会通过一组带有标识的样本数据来进行训练，在达到一定条件下的最优模型之后，正式处理数据时将根据模型对输入数据进行分类，从而使机器具有对未知数据进行分类的功能。而无监督学习，就是机器没有带标识的样本数据来进行训练，自己建模后直接对未知数据进行处理，并将不同特性的数据归类，使机器具有对未知的数据进行聚类的功能。

在实际应用的过程中，监督学习的效果显然要好于无监督学习。这不仅在于监督学习有一个训练的过程，而且在之后的处理过程中，机器可以将分类的结果与标识进行对比，将分类错误的数据重新分类，并逐渐完善模型，其处理效果也就越来越好。也就是说，监督学习分析数据是有参考答案的，当出现错误时可以对比参考答案来改正错误以提高自己；而无监督学习分析数据是没有参考答案的，很多时候即便出现了错误，机器也不知道，甚至按照错误的规则将数据聚类。既然监督学习的效果比无监督学习的效果好得多，那么无监督学习还有什么存在的必要呢？这是因为数据的标识在很多情况下都是很难获取的，而无标识的数据通常是大量而且廉价的。比如在对蛋白质按照功能进行分类时，要获得输入数据的标识，即获取一组蛋白质的功能是非常困难的，要了解一个蛋白质的具体功能往往需要花费一个生物学家几年的时间，这就是无监督学习的意义所在。

还有一种介于上述两种情况之间的情况，叫半监督学习。在实际数据中，往往存在少量带有标识的数据和大量没有标识的数据，那么对于机器来说就有两个样本集，一个样本集全部带有标识，另一个样本集全部没有标识。半监督学习关注的问题就是如何结合少量数据的标识和大量无标识数据的整体分布，得到最优化的分类结果。

机器学习涉及的算法有很多种，比较常用的有以下 5 种。

（1）回归算法。回归算法是一种监督学习式的方法，通过已知的样本点集预测未知的回归公式的参数，并使得其误差最小化。

（2）决策树。决策树的原理是通过对已知数据的训练，构建树状的模型，其中树中的内部节点为属性测试节点，出边为测试输出，叶子节点为分类结果。通过构建决策树的模型，让数据分类更加直观，一次构建后可以重复使用。决策树也是一类监督学习式的算法。

（3）贝叶斯方法。贝叶斯方法指的是基于贝叶斯原理的一类方法。贝叶斯方法就是计算某个对象的先验概率，然后通过贝叶斯原理计算出它的后验概率，并选择后验概率中最大的类作为该对象所属的类，从而对数据完成分类。

（4）聚类算法。聚类算法就是对输入的未知数据按照特性的相似度进行归类，包含划分聚类、层次聚类、网格聚类和基于神经网络的聚类等。

（5）深度学习。深度学习源于对人工神经网络的研究，模拟人脑来解决深层结构的优化问题。深度学习结合监督学习和无监督学习，在每一层的结构中使用无监督学习，而在层与层之间采用监督学习进行优化调整。

（六）数据的可视化技术

数据可视化是一种利用计算机图形学和计算机视觉等相关技术将数据以图形的形式显示出来，并通过图形展示出数据中隐藏的信息的一门技术。

在这个大数据的时代，数据可视化对商业的影响日益扩大。由于数据量过大，导致近乎人脑无法去深入理解所有的数据，必须使用其他方法或者工具帮助人们来理解数据。其中最合适的方法就是整合数据，将数据以图形的形式展示出来。我们知道，人类通过感官获取外界的信息，其中有将近83％的信息是通过视觉获取的，而图形又是最利于人类获取的信息之一。数据可视化就是将大规模数据整合压缩，用图形这种形象生动的方式使人们快速地理解和吸收数据中包含的信息，降低了理解大规模数据的成本。在企业中，决策者往往没有足够的时间或者专业的技术去理解大量的数据，自从有了数据可视化技术，决策者就可以通过大数据可视化工程师处理完数据之后的图形，快速了解数据中的信息，并且迅速地对市场做出反应。

数据可视化技术往往也需要和大数据分析技术相结合，在目前的情况下，机器无法完全替代人类去分析数据中的全部价值，此时就需要人类的参与，在机器的基础上进一步挖掘出数据中隐藏的有价值的信息。数据可视化技术与大数据分析技术相辅相成，首先通过大数据分析技术利用机器分析数据，再通过数据可视化技术将分析的结果生成图形，最后人类参与进来，通过人类对数据的分析来补充，尽可能地挖掘出数据中所有有价值的信息，用于对未来发展趋势的预测和决策的支持。

归根结底，虽然目前将海量数据转化成有效信息没那么简单，但是数据可视化是其中一种最为简单高效的方式。所以数据可视化的核心就是帮助人们理解数据，这也是大数据可视化工程师和前端工程师的核心区别，大数据可视化工程师更侧重于对数据理解和分析的能力。

进行可视化之前，首先需要做的就是数据的准备，在拿到了足够的预期数据之后，需要明确可视化的目标，也就是希望从这些数据中获取什么信息；其次，需要使用数据可视化的技术将海量的数据用形象生动的图形展示出来，比如用折线展示趋势、用饼图展示占比、用热力图展示最受欢迎的旅游景点等；最后，需要看能否根据可视化的结果达到最初的目的，当然也有可能发现意想不到的、有价值的信息。

三、大数据技术的影响

大数据对科学研究、思维方式和社会发展等都具有重要而深远的影响。在科学研究方面，大数据使得人类科学研究在经历了实验、理论、计算三种范式之后，迎来了第四种范式——数据；在思维方式方面，大数据具有"全样而非抽样、效率而非精确、相关而非因果"三大显著特征，完全颠覆了传统的思维方式；在社会发展方面，大数据决策逐渐成为一种新的决策方式，大数据应用有力促进了信息技术与各行业的深度融合，大数据开发大大推动了新技术和新应用的不断涌现；在就业市场方面，大数据的兴起使得数据科学家成为热门人才；在人才培养方面，大数据的兴起将在很大程度上改变我国高校信息技术相关专业的现有教学和科研体制。

（一）大数据技术对科学研究的影响

1. 第一种范式：实验科学

在最初的科学研究阶段，人类采用实验来解决一些科学问题，著名的比萨斜塔实验就是一个典型实例。1590年，意大利天文学家、物理学家伽利略在比萨斜塔上做了两个铁球同时落地的实验，得出了重量不同的两个铁球同时下落的结论，从此推翻了物体下落速度和重量成比例的学说，纠正了这个持续了1900年之久的错误结论。

2. 第二种范式：理论科学

实验科学的研究会受到当时实验条件的限制，难以完成对自然现象更精确的理解。随着科学的进步，人类开始采用各种数学、几何、物理等理论，构建问题模型和解决方案。例如，牛顿第一定律、牛顿第二定律、牛顿第三定律构成了牛顿力学的完整体系，奠定了经典力学的概念基础，它的广泛传播和运用对人们的生活和思想产生了重大影响，在很大程度上推动了人类社会的发展与进步。

3. 第三种范式：计算科学

随着1946年人类历史上第一台计算机ENIAC的诞生，人类社会开始步入计算机时代，科学研究也进入了一个以"计算"为中心的全新时期。在实际应用中，计算科学主要用于对各个科学问题进行计算机模拟和其他形式的计算。通过设计算法并编写相应程序输入计算机运行，人类可以借助计算机的高速运算能力去解决各种问题。计算机具有存储容量大、运算速度快、精度高、可重复执行等特点，是科学研究的利器，推动了人类社会的飞速发展。

4. 第四种范式：数据密集型科学

随着数据的不断累积，其宝贵价值日益得到体现，物联网和云计算的出现，更是促成了事物发展从量变到质变的转变，使人类社会开启了全新的大数据时代。这时，计算机将不仅仅能做模拟仿真，还能进行分析总结，得到理论。

在大数据环境下，一切将以数据为中心，从数据中发现问题、解决问题，真正体现数据的价值。大数据将成为科学工作者的宝藏，从数据中可以挖掘未知模式和有价值的信息，服务于生产和生活，推动科技创新和社会进步。虽然第三种范式和第四种范式都是利用计算机来进行计算，但是两者还是有本质的区别的。在第三种研究范式中，一般是先提出可能的理论，再搜集数据，然后通过计算来验证。而对于第四种研究范式，则是先有了大量已知的数据，然后通过计算得出之前未知的理论。

（二）大数据技术对思维方式的影响

大数据时代最大的转变就是思维方式的三种转变：全样而非抽样、效率而非精确、相关而非因果。

现在人们已经迎来大数据时代，大数据技术的核心就是海量数据的存储和处理，分布式文件系统和分布式数据库技术提供了理论上近乎无限的数据存储能力，分布式并行编程框架 Map Reduce 提供了强大的海量数据并行处理能力。因此，有了大数据技术的支持，科学分析完全可以直接针对全集数据而不是抽样数据，并且可以在短时间内迅速得到分析结果。

当前，大数据时代采用全样分析而不是抽样分析，全样分析结果就不存在误差被放大的问题。因此，追求高精确性已经不是其首要目标；相反，大数据时代具有秒级响应的特征，要求在几秒内就迅速给出针对海量数据的实时分析结果，否则就会丧失数据的价值，因此，数据分析的效率成为关注的核心。

过去数据分析的目的，一方面是解释事物背后的发展机理，如一个大型超市在某个地区的连锁店在某个时期内净利润下降很多，这就需要 IT 部门对相关销售数据进行详细分析找出发生问题的原因；另一方面是用于预测未来可能发生的事件，比如，通过实时分析社交媒体平台数据，当发现人们对雾霾的讨论明显增加时，就可以建议销售部门增加口罩的进货量，因为人们关注雾霾的一个直接结果是，大家会想到购买口罩来保护自己的身体健康。不管是哪个目的，其实都反映了一种"因果关系"。但是，在大数据时代，因果关系不再那么重要，人们转而追求"相关性"而非"因果性"。例如，人们在网上购物时，当购买了一个汽车防盗锁以后，购物网站还会自动提示你，与你购买相同物品的其他客户还购买了汽车坐垫。也就是说，只会告诉你"购买汽车防盗锁"和"购买汽车坐垫"之间存在相关性，但是并不会告诉你为什么其他客户购买了汽车防盗锁以后还会购买汽车坐垫。

（三）大数据技术对社会发展的影响

1. 大数据决策成为一种新的决策方式

根据数据制订决策，并非大数据时代所特有。从 20 世纪 90 年代开始，数据仓库和商务智能工具就被大量用于企业决策。发展到今天，数据仓库已经是一个集成的信息存储仓库，既具备批量和周期性的数据加载能力，也具备数据变化的实时探测、传播和加载能力，并能结合历史数据和实时数据实现查询分析和自动规则触发，从而提供对战略决策（如宏观决策和长远规划等）和战术决策（如实时营销和个性化服务等）的双重支持。但是，数据仓库以关系数据库为基础，无论是数据类型还是数据量方面都存在较大的限制。

2. 大数据应用促进信息技术与各行业的深度融合

互联网、银行、保险、交通、材料、能源、服务等行业领域，不断累积的大数据将加速推进这些行业与信息技术的深度融合，开拓行业发展的新方向。例如，大数据可以帮助快递公司选择运费成本最低的最佳行车路径，协助投资者选择收益最大的股票投资组合，辅助零售商有效定位目标客户群体，帮助互联网公司实现广告精准投放，还可以让电力公司做好配送电计划确保电网安全，等等。总之，大数据所触及的每个角落，社会生产和生活都会因之而发生巨大且深刻的变化。

3. 大数据开发推动新技术和新应用的不断涌现

大数据的应用需求是大数据新技术开发的源泉。在各种应用需求的强烈驱动下，各种突破性的大数据技术将被不断提出并得到广泛应用，数据的能量也将不断得到释放。在不远的将来，曾经依靠人类自身判断力的领域应用，将逐渐被各种基于大数据的应用所取代。例如，今天的汽车保险公司，只能凭借少量的车主信息对客户进行简单类别划分，并根据客户的汽车出险次数给予相应的保险费优惠方案，客户选择哪家保险公司都没有太大差别。

（四）大数据技术对就业市场的影响

大数据的兴起使得数据科学家成为热门人才。2010年左右，在高科技劳动力市场上还很难见到数据科学家的头衔，但此后，数据科学家逐渐发展成为市场上最热门的职位之一，具有广阔发展前景，并代表着未来的发展方向。

互联网企业和零售、金融类企业都在积极争夺大数据人才，数据科学家成为大数据时代最紧缺的人才。我国大数据用户目前还主要局限在结构化数据分析方面，尚未进入通过对半结构化和非结构化数据进行分析、捕捉新的市场空间的阶段。大数据中包含了大量的非结构化数据，未来将会产生大量针对非结构化数据分析的市场需求，因此未来中国市场对掌握大数据分析专业技能的数据科学家的需求会逐年递增。

尽管有少数人认为未来有更多的数据会采用自动化处理，使市场逐步降低对数据科学家的需求，但是仍然有更多的人认为，随着数据科学家给企业所带来的商业价值的日益体现，市场对数据科学家的需求会越发旺盛。

（五）大数据技术对人才培养的影响

大数据的兴起将在很大程度上改变中国高校信息技术相关专业的现有教学和科研体制。一方面，数据科学家是一个需要掌握统计、数学、机器学习、可视化、编程等多方面知识的复合型人才，在中国高校现有的学科和专业设置中，上述专业知识分布在数学、统计和计算机等多个学科中，任何一个学科都只能培养某个方向的专业人才，无法培养全面掌握数据科学相关知识的复合型人才。另一方面，数据科学家需要大数据应用实战环境，在真正的大数据环境中不断学习、实践并融会贯通，将自身技术背景与所在行业业务需求进行深度融合，从数据中发现有价值的信息，但是目前大多数高校还不具备这种培养环境，不仅缺乏大规模基础数据，也缺乏对领域业务需求的理解。鉴于上述两个原因，目前国内的数据科学家人才并不是由高校培养的，而主要是在企业实际应用环境中通过边工作边学习的方式不断成长起来的，其中，互联网领域集中了大多数的数据科学家人才。

在未来，市场对数据科学家的需求会日益增加，不仅互联网企业需要数据科学家，类似金融、电信这样的传统企业在大数据项目中也需要数据科学家。由于高校目前尚未具备大量培养数据科学家的基础和能力，传统企业很可能会从互联网行业"挖墙角",来满足企业发展对数据分析人才的需求,继而造成用人成本升高,制约企业的成长壮大。因此,高校应该秉承"培养人才、服务社会"的理念,充分发挥科研和教学综合优势,培养一大批具备数据分析基础能力的数据科学家,有效缓解数据科学家的市场缺口,为促进经济社会发展作出更大贡献。

目前,国内很多高校已经设立大数据专业或者开设大数据课程,加快推进大数据人才培养体系的建立。2016 年 9 月,华东师范大学数据科学与工程学院成立,新设置的本科专业"数据科学与工程",是华东师大除计算机科学与技术和软件工程外,第三个与计算机相关的本科专业。厦门大学于 2013 年开始在研究生层面开设大数据课程,并建设了国内高校首个大数据课程公共服务平台。

高校培养数据科学家人才需要采取"两条腿"走路的策略,即"引进来"和"走出去"。所谓"引进来",是指高校要加强与企业的紧密合作,从企业引进相关数据,为学生搭建起接近企业应用实际的、仿真的大数据实战环境,让学生有机会理解企业业务需求和数据形式,为开展数据分析奠定基础,同时从企业引进具有丰富实战经验的高级人才,承担起数据科学家相关课程教学任务,切实提高教学质量、水平和实用性。所谓"走出去",是指积极鼓励和引导学生走出校园,进入互联网、金融、电信等具备大数据应用环境的企业去开展实践活动,同时努力加强产、学、研合作,创造条件让高校教师参与到企业大数据项目中,实现理论知识与实际应用的深层次融合,锻炼高校教师的大数据实战能力,为更好培养数据科学人才奠定基础。

在课程体系的设计上,高校应该打破学科界限,设置跨院系跨学科的"组合课程",由来自计算机、数学、统计等不同院系的教师构建联合教学师资力量,多方合作,共同培养具备大数据分析基础能力的数据科学家,使其全面掌握包括数学、统计学、数据分析、商业分析和自然语言处理等在内的系统知识,具有独立获取知识的能力,并具有较强的实践能力和创新意识。

四、大数据技术的挑战

大数据挖掘提供了许多诱人的机会,而研究者和专家却在关注探索大数据集,以及从这些信息矿山中提取价值和知识时面临的诸多挑战。不同层次的挑战包括数据捕获、存储、搜索、共享、分析、管理和可视化。另外,在分布式数据驱动的应用中还存在安全和隐私问题，通常海量的信息和分布式的信息流超过了我们的驾驭能力。事实上，大数据的规模不断地呈指数式增长，而当前处理与研究大数据的技术能力处于较低的 PB 和 PE 水平。

（一）大数据管理

数据科学家正在面对处理大数据时的许多挑战。其中一个挑战是如何以较少的所需的软/硬件资源采集、集成和存储来自分布源的大数据集；另一个挑战是大数据管理，即通过有效地管理大数据以便于提取数据中的内涵以及所付出的成本最低。

事实上，良好的数据管理是大数据分析的基础，大数据管理意味着为了可靠性而进行的数据清洗，对来自不同信息源的数据进行聚合，以及为了安全和隐私所进行的编码，还意味着确保高效的大数据存储和基于角色访问多个分布端点。换言之，大数据管理的目的是确保数据易于访问，可进行数据管理，数据的恰当存储以及数据的安全等。

（二）大数据清洗

对数据进行清洗、聚合、编码、存储和访问。这五个方面不是大数据的新技术，而是传统的数据管理技术。大数据中面临的挑战是如何管理大数据的快速、大容量、多样性的自然特质，以及在分布式环境中的混合应用处理。

为了获得可靠的数据分析结果，在利用资源前对资源的可靠性以及对数据的质量进行证实是必不可少的。然而数据源可能包含噪声或不完整数据，如何清洗如此巨量的数据集以及如何确定数据的可靠性和有用性都是所面临的挑战。

（三）大数据聚合

外部数据源和大数据平台拥有的组织内部基础设施（包括应用、数据仓库、传感器、网络等）间的同步是应用大数据技术面临的一个挑战。通常情况下，仅仅分析内部系统中产生的数据是不够的，为了提取有价值的内涵和知识，将外部数据与内部数据源聚合起来是重要的一步。外部数据包括第三方数据源，如市场波动信息和交通条件、社会网络数据、顾客评论与公民反馈等，这些将有助于优化分析所用的预测模型。

（四）不平衡系统的容量

关于计算机架构和容量，存在一个重要的问题。众所周知，按照摩尔定律，中央处理器（CPU）的性能每 18 个月翻一番，磁盘驱动器的性能也是以同样的速度翻一番。可是，输入 / 输出（I/O）操作却不遵守同样的性能模式。换言之，随机 I/O 速度已适度提高，而顺序 I/O 速度随密度的增加而缓慢增长。

因此，这个不平衡系统的容量可能减慢访问数据的速度并影响大数据应用的性能和弹性。从另一个角度来看，关注网络上诸如传感器、磁盘、存储器这些不同设备的容量，均可能降低系统的性能。

（五）大数据的不平衡

对不平衡数据集进行分类也是大数据技术中心面临的一个挑战，在近几年大数据研究中受到了广泛的关注。事实上，大数据的实际应用可能产生不同分布的类别。第一类别是具有忽略事例数目的不充分性的类别，称为少数或阳性类；第二类别是具有丰富的事例，称为多数或阴性类，在诸如医疗诊断、软件缺陷检测、金融、药品发现或生物信息等多个领域中识别少数类别是非常重要的。

经典学习技术不适用于不平衡数据集，这是因为模型的构建是基于全局搜索度量的而没有考虑事例的数量。全局规则通常享有特权而不是特定规则，在建模时忽略了少数类。因此，标准学习技术没有考虑属于不同类的样本数目间的差异。然而，代表性不充分的类可能构建了对重要事例的识别。

在实际中，许多问题的域具有两个以上的不平衡分布，如蛋白质折叠分类和焊缝缺陷分类，这些多类不平衡问题产生的新挑战是不能在两类问题中被发现。事实上，处理具有不同误分类代价的多类任务比处理两类任务的难度更大。为了解决这个问题，已研究出了不同的方法，可将其分为两类：第一类是将某个二元分类技术进行扩展，使其可应用于多类分类问题，如判别分析、决策树、朴素贝叶斯、神经网络、支持向量机等；第二类称为分解与集成方法，首先将多类分类问题分解为一些类，进而转变为由二元分类器解决的二元分类问题，然后在此分类器的预测上应用聚合策略分类新的发现。

（六）大数据分析

大数据给各行各业带来巨大机遇和变革潜力，也对利用如此大规模增长的数据容量带来了前所未有的挑战。先进的数据分析要求理解特征与数据间的关系，例如，数据分析使得组织能够提取有价值的内涵以及监视可能对业务产生积极或消极影响的商业伙伴。其他数据驱动的应用也需要实时分析，如航行、社会网络、金融、生物医学、天文、智慧交通系统等。所以，先进的算法和高效的数据挖掘方法需要得到精确的结果，以此监测多个领域的变化并预测未来。可是，大数据分析依然面临着多种挑战，包括大数据的复杂性、收缩性要求以及对如此巨量的异构数据集具有实时响应的性能分析。

当前，出现了许多不同的大数据分析技术，包括数据挖掘、可视化、统计分析以及机器学习。许多大数据研究通过提高既有的技术，提出新的分析技术，同时又通过测试组合不同的算法和技术来解决该领域的问题。因此，大数据推动了系统结构的发展，同时也推动了软/硬件的发展。然而，我们还需要分析技术的进步以应对大数据的挑战和流处理。其中一个问题是，当数据量很大时，如何保证响应的及时性。

五、大数据技术的发展趋势

在学术方面，美国麻省理工学院计算机科学与人工智能实验室建立了大数据科学技术中心，该中心主要致力于加速科学与医药发明、企业与行业计算，着重推动在新的数据密集型应用领域的最终用户应用设计创新，同时通过与诸如加利福尼亚大学圣巴巴拉分校、波特兰州立大学、布朗大学、华盛顿大学和斯坦福大学等多所大学的合作，实现数据挖掘、共享、存储和操作大数据的解决方案。

与此同时，英国牛津大学于2013年成立了首个综合运用大数据的医药卫生科研中心。该中心的成立有望带给英国医学研究和医疗服务革命性的变化。它将促进医疗数据分析方面的新进展，帮助科学家更好地理解人类疾病成因、类型及其治疗方法。该中心通过搜集、存储和分析大量医疗信息，确定新药物的研发方向，减少药物开发成本，同时为发现新的治疗手段提供线索。

欧洲核子研究中心也在匈牙利科学院魏格纳物理学研究中心建设了一座超宽带数据中心，该中心已成为欧洲具有最大传输能力的数据处理中心。

综上所述，国外许多著名企业和组织都将大数据作为主要业务，欧美等国家对大数据的探索和发展给予了极大重视，各国政府已将大数据发展提升至战略高度，大力促进大数据产业的发展。

国内方面，我国政府、学术界和产业界早已经开始高度重视大数据的研究和应用工作，并纷纷启动了相应的研究计划。

在学术研究方面，国内许多高等院校和研究所开始成立大数据的研究机构。与此同时，国内有关大数据的学术组织也纷纷成立，相关的学术活动也逐步开展。另外，还开展了许多大数据方面的学术活动，主要包括 CCF（中国计算机学会）大数据学术会议、中国大数据技术创新与创业大赛、大数据分析与管理国际研讨会、大数据科学与工程国际学术研讨会、中国大数据技术大会和中国国际大数据大会等。

大数据时代的来临，标志着一个新时代的开启。在互联网时代，互联网技术推动了数据的发展，而当数据的价值不断凸显后，大数据时代也随之开启。在大数据时代，数据将推动技术的进步。大数据在改变社会经济生活模式的同时，也在潜移默化地影响每个人的行为和思维方式。作为一个新兴的领域，大数据虽然仍处于起步阶段，但是在相关的采集、存储、处理和传输等基础性技术领域中已经取得了显著的突破，涌现出大量的新技术。未来，大数据技术的发展趋势无疑是多元化的。下面将从数据资源化、数据处理引擎专用化、数据处理实时化以及数据可视化这四个比较显著的方面来阐述大数据技术的未来发展趋势。

（一）数据资源化

随着大数据技术的飞速发展，数据的潜在价值不断凸显，大数据的价值得到了充分体现。大数据之于企业、社会乃至国家层面的战略地位不断上升，数据成为新的制高点。数据资源化，即大数据在企业、社会和国家层面成为重要的战略资源。大数据中蕴藏着难以估量的价值，掌握大数据就意味着掌握了新的资源。大数据的价值来自数据本身、技术和思维，而其核心就是数据资源。数据已经成为一种新的经济资产类别，就像黄金和货币一样。不同领域甚至不相关的数据集通过整合分析，可以创造出更大的价值。在今后，大数据将成为政府、社会和企业的一种资产，掌控大数据资源后，企业就可以通过出租和转让数据使用权来获得巨大的利益。国内的互联网企业如腾讯、阿里巴巴、百度等，以及国外的互联网企业如亚马逊、谷歌等，都不断地抢占大数据的资源点，并运用大数据技术创造各自的商业财富。

大数据的数据资源化早在大数据崛起之际就成为主流趋势，但是由于数据开放、共享以及整合上的各种环境和技术的限制，依然有很大的提升空间。更加完善、高效的数据资源化技术不仅可以大大提高数据本身蕴藏的潜在价值，还能进一步推动大数据的研究和分析应用的发展。

（二）数据处理引擎专用化

传统的数据分析和数据存储主要针对结构化数据进行设计和优化，已经形成了一套高效、完善的处理体系。但是大数据不仅在数据规模上要远比传统数据大，而且数据类型异构程度极高，由原来的以结构化数据为主的相对单一的数据类型转向融合了结构化、半结构化、非结构化数据的异构数据类型。所以，传统的数据处理引擎已经无法很好地适应大数据的处理，无论是在数据分析方面还是在数据存储方面。

数据处理引擎专用化，即摆脱传统的通用体系，根据大数据的基本特征，设计趋向大数据专用化数据处理引擎架构。大数据专用化处理引擎的实现可以在很大程度上提高大数据的处理效率，同时降低成本。目前，比较成熟的大数据处理引擎架构主要有 Map Reduce 和 Hadoop，它们也是当前大数据分析技术的主流。但是 Map Reduce 和 Hadoop 在应用性能等方面仍然存在不少问题，因此国内外的互联网企业都在不断加大力度研发低成本、大规模、强扩展、高通量的大数据通用的专用化系统。

（三）数据处理实时化

在很多领域和应用场景中，数据的价值会随着时间的流逝而衰减，比如证券投资市场等，因此对数据处理的实时性有较大的要求。在大数据的背景下，更多的领域和应用场景的数据处理开始由原本的离线转向在线，大数据处理的实时化也开始受到关注。大数据处理的实时化，旨在将 PB 级数据的处理时间缩短到秒级，这对大数据的整个采集、存储、处理和传输基本流程的各个环节都提出了严峻的挑战。

实时数据处理已经成为大数据分析的核心发展趋势，而当前也已经有很多围绕该趋势展开的研究工作。目前的实时数据处理研究成果包括实时流处理模式、实时批处理模式以及两者的结合应用。但是，上述研究成果都不具备通用性，在不同的应用场景中往往需要根据实际需求进行相应的改造才能使用。

(四)数据可视化

大数据技术的普及以及在各个行业领域的广泛应用使得大数据逐渐渗透到人们生活的各个方面,复杂的大数据工具往往会限制普通人从大数据中获取知识的能力,所以大数据的易用性也是大数据发展和普及的一个巨大挑战,大数据的可视化原则正是为了应对这一挑战提出的。可视化是通过将复杂的数据转化为可以交互的、简单易懂的图像,帮助用户更好地理解分析数据。在大多数人机交互应用场景中,可视化是最基本的用户体验需求,也是最佳的结果展示方法之一。在大数据应用场景中,数据本身乃至分析得出的数据都可能是混杂的,无法直接辅助用户进行决策,只有将分析后的数据以友好的方式展现给用户,才能真正使其发挥作用。

数据可视化技术可以在很大程度上拉近大数据和普通民众的距离,是大数据真正走向社会,进入人们日常生活的必由之路,具有重要意义。作为人和数据之间的交互平台,可视化结合数据分析处理技术,可以帮助普通用户理解和分析庞大、复杂的数据,使大数据能够让更多的人理解,被更广泛的人群使用。同时,借助可视化技术人们可以主动分析处理与个人相关的工作、生活等数据,进一步促进大数据的发展和普及。

除了上述四个技术在基础层面上的发展趋势,大数据的各个环节也都不断涌现新技术,所以大数据的发展趋势是多元化的。在未来,大数据与云技术的结合将更加深入,包括使用云计算平台进行数据分析计算以及依托于云存储平台进行数据存储。大数据处理平台也将走向多样化,从单一的 Hadoop 到后面一系列的诸如 Spark、Storm 等大数据平台,乃至未来更加高效的新的大数据平台,从而不断完善大数据技术的生态环境。同时,随着数据的价值不断被挖掘,数据科学也将成为一门新的学科,并在数据层面上形成基于数据学科的多学科融合趋势。大数据在数据开放和隐私保护的矛盾上也将寻求更加平衡的立足点,因为数据的开放和共享是必然的趋势,所以未来大数据的安全和隐私问题依然是热点趋势。

毫无疑问,无论是在哪个方面或在哪个层次上的发展趋势,都将不断完善大数据的生态环境,促使大数据生态环境向良性化和完整化发展。

第二节　脱贫攻坚中大数据的功能作用

一、识别作用

精准识别需要建立贫困户人口基础数据库，建立贫困户年龄段人口数据库更新机制，定期与各行业部门对接协同数据，实现政务信息资源共享，能够将一定范围内贫困户的特点通过系统分析总结出来，以便精准地得知社会经济状态，把握贫困的空间分布，定位好贫困人口，实时识别出贫困人口动态变化。这需要通信部门和运营商共同开发出一套适应新时期精准扶贫精准脱贫的平台系统，作为提供给一线扶贫工作队伍反映贫困人口实时真实的家庭情况。以广东省为例，广东省扶贫办联合运营商研发出广东省新时期精准扶贫信息管理平台、广东扶贫应用 App 及广东省扶贫办大数据平台，通过"两平台一应用"三者结合，运用智能化的技术和设备实现对贫困对象、扶贫干部、扶贫工作等基础数据的收集、更新，包括致贫原因、贫困户属性、家庭照片、GPS 定位家庭位置等，解决如何应用大量数据的统计初步分析，有效地量化扶贫前后成效的对比和帮扶程度的高低。

精准识别既需要运营商的技术支持，也需要工具的支持录入，使得开发出来的"两平台一应用"得以发挥最大作用。基于目前我国已经进入信息化时代，电脑、手机等一系列电子产品已基本实现普及，因此扶贫工作信息的录入离不开电子产品的支持。手机的使用是被认为性价比最高的扶贫探针，结合手机携带方便、使用度高以及操作简单等特点，方便一线的扶贫工作队员能够亲身到村到户到家门口进行数据采集，对一些采集难度大、私密性高的证件、收入等信息来说无疑是最好的解决办法。对于贫困户的动态变化来看，手机应用的使用为更加准确定位贫困人群及了解实时场景的状况提供了良好基础，为降低获取成本、实时更新等问题提供了一定的思路。

二、帮扶作用

脱贫攻坚的实践特征之一体现在通过对贫困人员的精准帮扶实现脱贫，其中精准帮扶是关键。传统扶贫的帮扶是粗放的、大水漫灌的、撒粉式的模式，对于脱贫攻坚所包含的内涵无法一一明确体现，相比之下大数据驱动下的精准扶贫更加注重数据的提取和挖掘。

通过各方部门数据比对和大数据的挖掘，利用海量动态的数据解决扶贫信息平台上所聚集的贫困信息固化的问题，精准化处理扶贫的基础信息，确定贫困户的主要致贫原因，进而准确明晰贫困户自身发展需求，选择最恰当的帮扶措施。

另外，大数据作为脱贫攻坚的一个重要的工具，其主要功能之一是预测，通过使用一定的统计和数学方法，充分挖掘各项与贫困户有关的数据以及数据之间千丝万缕的线性与非线性的关系，掌握传统的样本分析所不能注意到的动态联系，分析出贫困户现在及未来最迫切的需求，对未来一定时间内的贫困状况作出预测，为政府部门制订更加合适、高效的精准扶贫政策提供技术支持。

三、管理作用

在大数据的驱动下，脱贫攻坚既能围绕识别、帮扶以及成效开展分析，更能根据其内容开展进行全面的精准管理，推动贫困地区的减贫和发展。简言之，精准管理是实现脱贫攻坚的重要保障。按照以县为单位、规模控制、分级负责、精准识别、动态管理的原则，对每一个贫困村、贫困户建档立卡，建设全国扶贫信息网络系统。脱贫攻坚下的大数据通过技术手段实现扶贫管理从静态模式向动态模式的转变，有利于把握贫困人口的贫困情况、了解扶贫资源的来龙去脉以及扶贫项目的帮扶成效等。同时，对确保已经达到脱贫标准的贫困人口顺利出列，推出扶贫系统，减少对扶贫资源的浪费，新增或返贫的贫困人口能够及时纳入贫困系统，落实帮扶措施，实现有效的动态扶贫机制。除此之外，可以加强资源之间的整合，引导资金流动方向，更好地追踪落实扶贫项目。

第三节　大数据背景下巩固脱贫机制存在的问题

一、数据失真影响政府决策

数据失真，是指数据失去本来的意思或本来的面貌，在巩固脱贫工作中特指所搜集而来的数据不能真实反映贫困人群情况。运用大数据技术开展扶贫工作的价值在于通过对海量扶贫数据的收集、管理，可以综合多种因素开展分析，从中挖掘有价值的部分为决策提供参考。

（一）数据信度问题

数据采集信度低，是长期以来干扰巩固脱贫工作成效的一个重要问题，运用大数据开展巩固脱贫工作同样也无法避免这一问题。引起这一问题的主要原因有以下两个方面。

1. 对信息采集工作认识不到位

对扶贫对象而言，由于一些人对扶贫项目存在一定的误解，部分贫困人群认为扶贫项目是他们未来生活的保障，因此存在为了获得扶贫指标谎报数据的情况。还有部分农村低收入人口的自尊心较强，不愿向扶贫干部反映真实情况，这也使得他们无法享受扶贫政策的支持。对扶贫主体而言，扶贫干部水平参差不齐，对于运用大数据技术的认知水平也不相同，有的扶贫干部没有认识到数据采集的重要性，对此项工作敷衍了事，只是做做表面文章。

2. 其他人为因素干扰

在巩固脱贫信息采集工作中，一些基层政府官员由于种种原因无法下沉到基层农村完成数据采集任务，也没有时间到基层农村去做长期繁重的识别鉴定工作。因此，数据采集需要依靠村干部进行，部分村干部责任心不强，在采集过程中存在应付的态度，造成收集的数据出现偏差，录入系统后所反映的情况脱离实际。

同时，部分村干部可能因为各种利益和亲友之间的各种关系而将不符合要求的对象纳入识别范围，出现漏识别、误识别、亲友识别等情况，最终无法确定识别对象数据采集的准确性，使得巩固脱贫工作在初期就出现偏差，与政策制订的初衷相违背。更有甚者，当巩固脱贫成效与考核检查挂钩时，基层政府部门可能会为了考核成绩和政绩，在数据采集上避重就轻，出现漏报、瞒报的情况。

（二）数据量的问题

数据量是利用大数据开展巩固脱贫工作的核心，巩固脱贫部门通过开展政府系统内部和外部数据的比对，可以更加真实地识别和评估易贫人群，并对贫困者进行分析，精确得出贫困户返贫原因，从而针对贫困原因制订具体的减贫措施。

有些地区率先整合政府部门内部数据并引入社会数据建设专题数据库，但是总体来看各省市的贫困数据平台建设水平参差不齐，缺乏统一的标准，数据间仍然存在信息共享壁垒，数据共享手段单一。

部分地区由于巩固脱贫部门与其他公共政策执行部门等联系不够密切，缺乏协同合作，存在信息不对称和相互分割的情况。对贫困户的监管由巩固脱贫部门负责，未能实时与卫计、民政、司法等相关部门实时共享对比相关数据，扶贫部门受限于自身的数据处理、分析技术水平，无法合理地利用收集来的贫困人群数据为巩固脱贫治理决策提供强有力的支撑。

由于缺乏数据交易共享的长效机制和交易平台，政府与企业、社会机构等其他参与贫困治理的主体之间数据共享、交易成本高、难度大，扶贫工作对数据整合能力有限。这些问题都可能会导致扶贫数据失真现象的出现。

二、综合监测指标体系建立不健全

（一）贫困标准问题

巩固脱贫机制中对农村低收入人口的监测是一项非常复杂的工作，当前我国对于贫困线的设定有两条标准线，一条是从国家层面统一设立的标准线，另一条是省级层面自己制订的贫困治理标准线。各地区可以根据本地实际情况对贫困标准线进行调整，国家不作具体统一的量化标准和刚性要求。

由于各地区经济发展水平、地理环境、物价水平的不同，所以地方政府在制订贫困标准时，往往无法按照差异性来设定，只能根据巩固脱贫对象的收入水平、耕地面积、家庭住房情况、突发疾病情况这些显性指标来进行衡量。这也导致巩固脱贫机制在对农村低收入人口开展监测时，往往也只能根据贫困标准所反映的指标进行监测。

（二）需求对接问题

综合监测指标体系不健全和缺失导致了巩固脱贫机制在执行和实施过程中总是存在着贫困户的需求与政府的扶贫政策难以对接的尴尬现象。在大数据技术逐步运用推广的背景下，对农村低收入人口开展返贫监测，不能仅依靠传统扶贫数据中的返贫人口收入、住房条件、粮食产量这些显性数据来判断农村低收入人口是否存在致贫、返贫风险，而是需要去全面了解、监测农村低收入人口真实的生活状态，从而避免因为忽视关键因素而陷入数据陷阱。

如果单纯以收入超过一定标准、住房条件好、粮食产量高就断定一些家庭不存在返贫风险，将会导致一些已建档立卡的脱贫不稳定人口和未建档立卡的贫困边缘人口无法被纳入返贫阻断机制的执行范围，进而使得巩固脱贫机制无法寻找到真正适用的农村低收入人口。对于那些本身生存能力就较差，真正需要国家政策支持和帮扶的农村低收入人口，如果因为综合监测指标不健全而失去国家的帮扶，返贫的可能性将大大增加。

（三）科学算法问题

考虑到我国脱贫人口的返贫具有反复性和偶发性等特征，对于一些农村低收入人口而言，遭遇自然灾害或者意外事故可能直接导致其返贫，而慢性疾病的治疗、子女教育开支这些大额支出的解除也可能使其解除返贫风险，巩固脱贫监测中要综合考虑这些因素，建立完善的综合监测指标体系。

大数据背景下的巩固脱贫监测要继续扩大监测指标体的覆盖范围，通过一套科学有效的算法，综合考虑数据和人为因素，确保巩固脱贫机制能够精准和及时地介入，确保对扶贫资源的科学配置，避免因为监测不准确而引起突发性返贫现象。

第四章 大数据技术助力乡村振兴

第一节 大数据与乡村整体发展

一、大数据与乡村发展

中国是一个农业大国，农业发展对于我国来说是重中之重。近几年，大数据发展前景被看好，建立农业大数据平台，将大数据应用到农业生产中的呼声此起彼伏。要想解决农业发展中的难题，最主要的就是要运用大数据对传统农业与装备农业进行改造，这也是促进农业发展的一项重要方式和方法。

大数据要想拥有强大的决策力就需要运用新数据处理模式，只有这样才能快速适应数据快速增长、信息资产不断多样化的时代。近几年，随着大数据云计算的来临，大数据下的农业发展也吸引了越来越多的关注，云计算的存在使基于大数据的采集分析和精准预测被应用到农业发展中有了可靠前提。

大数据技术不仅可以让产业发展获益，还能够助力乡村治理与经营。大数据对乡村治理的积极作用主要体现在促进乡村治理民主化发展、科学化决策、提升治理精细化水平和促进治理协同性趋势四个方面。[①]研究发现，农业的信息化转变主要经历了网络时代、办公性与供应链管理的应用系统阶段、综合互联网时代、"互联网＋"的供给侧结构性改革阶段以及农业人工智能这五个阶段。具体来说，第三个阶段就是移动互联网与物联网等电商商业模式快速发展的阶段；第四个阶段就是运用大数据的思维推进供给侧结构性改革，从而促进第一产业、第二产业与第三产业之间的融合发展，也就是所谓的农业信息化 4.0 时代；第五个阶段就是农业信息化的未来时代，这一阶段的农业将与人工智能、工厂、生态等方面进

---

① 马德富. 乡村旅游与后乡村治理 [M]. 武汉：湖北人民出版社，2018.

一步融合，形成高质量发展模式。

由此，我们可以发现，"互联网＋"等模式已经成为过去式，人工智能、大数据时代正逐渐发展起来，并成为农业快速发展的重要因素，大数据农业与人工智能农业也已成为农业发展的必然趋势。

（一）信息服务不足是我国乡村发展的瓶颈

当前中国的农业发展存在农业资源丰富、经营人数多且广泛的特点，但是经营群体大多是个体，所以还存在规模小、分散，信息获取手段落后的特点。除此之外，农业经营的群体还不具备分析应用的能力，农业信息化的基础十分薄弱，所以，当前想要对农业信息进行采集、存储、分析与推广来实现农业信息化将存在巨大的困难与阻碍。长期以来，我国一直存在着小生产大市场的矛盾，农产品丰收后难买、难卖，然而导致这一问题出现的原因就是农业生产与销售的信息不对等，这一问题也导致农业的发展损失数千万元。

总而言之，当前以家庭为主体的农业发展模式主要面临着"产不好、销不出、管不住、服务难"这四个方面的难题，而且当前信息的不对称已经严重阻碍农业的快速与高质量发展。

（二）乡村大数据是破解我国乡村发展难题的重要途径

所以要想破解当前农业经济发展的难题，就需要运用大数据来对传统农业与装备农业进行改造，只有这样才能实现乡村农业的现代化发展。研究发现，在乡村发展大数据，可以帮助乡村的农业产业实现转型升级，从而给乡村的农民在生产生活上带来便利，与此同时大数据还可以提升政府部门的监管服务能力，为乡村的农业发展提供强有力的制度与监督保证。因此，在当今时代，国家应该在乡村大力发展大数据技术，从而在乡村形成一个信息消费市场。

（三）乡村大数据正成为现代乡村新型资源要素

随着时代的进步与发展，乡村的信息化与现代化也在不断地深入发展，而且大数据已经成为农业生产与发展的指挥棒，是农业信息化发展的重要资源。所以，要想发展乡村农业，就需要对乡村的大数据建设进行强化与推广，让大数据来促进乡村农业的发展与升级，从而促进乡村的供给侧结构改革，提高农民的收入水平，推动国家经济的进步与发展。

乡村大数据的前景，就和电商大数据、工业大数据的应用前景一样，未来可想象的空间是巨大的，但是由于农产品过去缺少天然的互联网基因，主要从业者的计算机使用能力、整体教育素质水平不是很高，严重影响了农业大数据的互联网化和数据库化条件，数据储量较小、数据格式不统一、数据存储分散，在目前严重制约了大数据的应用前景。

（四）乡村大数据的应用前景

随着近几年互联网平台在乡村大数据方面的投入力度不断加大，可以看出乡村大数据主要的应用前景如下。

一是对自然科学层面的大数据的挖掘和利用，应用在大数据育种方面，实现快速的商业化应用。

二是根据生产实践大数据，可以不断提高乡村生产管理的技术水平，实现生产过程的优化和产量、效益的提高。

三是农业政策制订和管理方面，通过乡村大数据的收集、挖掘和分析，大大提高决策的科学性，提供政策的针对性和实施效果，同时可以从舆情等多方面对实施的效果进行持续动态监测，以便及时调整和修正。

四是农产品供需、消费、价格信息的完善，从区域和全国甚至全球供需平衡的角度出发，对农产品的价格进行合理引导，根据消费对农产品的生产进行及时调整，让生产出来的商品不会再愁销路，大大提高农产品生产的效率，同时也更好地满足了人们的消费需求，实现了多方共赢。

乡村大数据将使得农业更加高效化，不仅是农民和政府决策的智能化带来的效率的提高，还包括原来乡村产业链的快速整合，有过提升育种等前端科学的研发应用速度，实现从生产到产品端流程的高效化和区域供需匹配的高效化，减少信息流和物流在不必要的环节打转，实现信息流和物流的高速匹配。

二、大数据与现代乡村安全建设

在发展乡村大数据时，可以对现有的网络资源进行充分的利用，构建一个可以对农副产品进行安全追溯的公共服务平台，对制度进行标准建设，然后在市场与产地之间建立一个完整的市场准入机制，让两者之间可以顺利衔接。那么如何在农业中运用互联网技术呢？具体来说，就是要在农业生产经营主体中运用互联网技术，对农业生产的过程进行信息化的精细管理，在生产加工的环节或者流通的环节大力推广与运用互联网、物联网或者二维码等射频识别技术，从而促进上游产业与下游产业之间的对接与信息共享。但是，在发展农业产品的过程中还要注意对生态环境的保护，除此之外，还要在农业产品的生产资料、生产流通、加工销售等环节之间建立数据共享机制，从而保障各个环节数据的准确性、及时性与共享性。这样在农产品的交易平台中就能实现信息的互联与共享，从而实现对农产品来源的共享与追溯，进而保障农产品的生产安全与消费安全。

让农业成为有奔头的产业，乡村才能振兴。合理正确应用大数据，才能使农业产业转型升级，乡村才能实现良好快速的发展。

当前可以通过"互联网+"技术，在农业方面充分利用大数据等信息技术，推动农业产品在生产、销售等方面实现标准化，促进农产品在质量安全方面构建一个完整的信息系统，实现对农业产品质量的保障。具体来说，就是可以利用传感器感知技术、信息融合传输技术等对乡村生态环境进行实时网络数据检测，在农业产品生产的生态环境方面实现标准化的管理与控制；在一些农业生产活动中，如大田种植、畜禽水产养殖、果园生产等就可以充分利用物联网与云计算技术等现代的信息技术来对生产的各个环节进行监控与管理，从而实现农业产品生产的标准化。

在对农产品的监控与管理中，最主要的还是对农产品的风险进行监控与预防。为此，可以使用移动通信技术来对农产品的数据进行采集，然后再利用大数据技术对采集来的数据进行分析，从而评估出农产品生产中的风险等级、质量水平以及风险将会造成的损失，达到有效规避风险的目的。

三、乡村大数据发展亟待解决的问题

纵观全球农业发展现状，可以发现我国乡村的农业信息化发展水平与发达国家相比还存在很大差距；与我国的其他产业相比也存在较大差距，所以总体来看还是处于起步阶段，自主创新能力有待提高。具体来说，就是乡村农业信息化的设备、技术等还是依靠进口，即使具有十分丰富的农业数据，但是由于缺乏挖掘与分析，导致我国农业的数据资源体系还未形成，亟须进一步的构建与完善。一些农民受教育水平极低，无法理解农业信息化发展的重要性，导致农业信息化的发展面临大阻碍，信息化系统无法发挥出最大效用，从而造成信息资源的极大浪费。因此，网络信息化的发展水平与农民素质水平息息相关，需要通过提高农民素质来促进农业信息化的发展与进步。

乡村大数据还存在以下几大亟待解决的问题。

（一）大数据共享性偏低

在农业生产的过程中，生产的主体是农民，然而掌握农业产品大数据的是政府与一些研究机构，能对这些数据进行分析的也是这些机构，所以就算在农业生产中运用了大数据技术，农民也无法第一时间了解与掌握这些数据报告。因此，将这些数据报告与农业企业和农民共享，是大数据农业信息化发展的重要内容。

（二）大数据真实性有待提高

大数据的主要作用就是对数据进行分析，所以乡村大数据的真实性十分重要，因为人们都是通过这些数据来对农业产业进行决策与生产，从而形成农业产业闭环。但需要注意的是，数据的产生是存在一定人为因素的。举例来说，就如猪的养殖，养殖户可以通过喂猪的频次、猪的运动状况等内容来了解猪是否健康，但是当猪出现问题的时候，这些数据就会存在误差，影响人们根据数据作出的判断。

（三）缺乏对大数据的运用能力

大数据技术最主要的就是要对采集来的数据进行分析，然后通过数据分析得出的结论做出决策，但是通过观察发现，能对这些数据进行分析的大多是一些专家，反而是真正深入农业生产的农民并不具备对数据进行分析的能力。

（四）大数据主导权集中

对于乡村大数据来说，数据的主导权也是一项需要重视的问题，在乡村使用大数据最主要的目的就是给农民与农产品企业带来便利，所以大数据技术不能只集中在一些大的企业当中，形成垄断的局面，因为这样一来大数据全面普惠的效果就无法实现。因此，政府应建立公共的乡村大数据收集与计算平台，大力培养大数据人才，从而促进乡村大数据的全面发展。

（五）大数据应用成本较高

大数据的运用存在一个普遍的问题，就是应用成本高，乡村大数据同样存在这个问题，因此降低大数据的应用成本是当前乡村农业发展的一项关键性因素。可以利用商业资本来建设一个大数据平台，使乡村大数据形成商业模式，而不再只是提供服务，这样大数据技术就能提高自身变现能力，从而降低大数据的应用成本。

（六）大数据的跨界水平不高

对大数据进行应用的时候，还要考虑大数据跨界的深度与广度。所以，在乡村使用大数据的时候，要考虑将大数据与农业物联网、信息进村等方面的内容进行结合，这样就可以与农业生产的各个环节，如测土配方施肥、动植物疫病防控等紧密结合，从而形成专门为农业服务的大数据平台。除此之外，还应该将政府、生产、研究与学校这四个方面的主体联合起来，对乡村大数据进行系统分析与研究，得到新的研究成果，造福乡村振兴。

四、大数据对乡村发展的影响

我们进行的各种经济活动都会产生海量的数据，这些数据在各个行业都发挥着作用，拥有巨大价值。随着大数据对人们生活的影响越来越大，对农业的和乡村发展影响也逐渐加强。

乡村大数据，就是大数据的概念、技术与方法在农业中的实践，其中主要涉及耕地、播种、施肥、杀虫等农业生产环节，而这些都是跨行业、跨专业、跨业务的数据分析和挖掘，而大数据可以让数据可视化。随着我国农业不断开发建设，物联网的使用越发频繁，农业大数据也得到了越来越多的运用，这为乡村大数据的发展迎来了大好的契机，也为乡村整体发展提供了有力支撑。

（一）大数据推动农业向科技方向发展

将大数据技术运用到农业生产当中，能较好地改进农业生产经营方式，从而激发农民的生产积极性，与此同时这种技术还可以有效地控制遗留数据，对所有资料进行分析，能显著提高预测精度。具体来说，大数据可以对经济效益、经营水平、管理水平、生产技能等方面进行整理和分析，从而形成组织规模，来激发农民的生产积极性。在农业生产中可以合理利用互联网技术，将实时传感器技术运用到数据传输中，发掘农业生产本身具有的特色，运用大数据技术，对采集到的海量数据进行深入分析和整理，从而准确地对农业生产的环境进行判断。

比如大数据系统就可以在蔬菜温室内监控出空气温度过高，这时人们对温度数据进行分析就会适时地对温室进行通风降温，除此之外，还可以对蔬菜大棚内蔬菜的色泽数据进行采集，当色泽出现异常的时候，人们就可以从数据中分析其成因，如果是营养不足问题就可以适当施肥。试想一下，如果农作物在生长期间能够避免各种病害，那么也就能够对农作物的生长风险进行科学有效的预防和控制，在种植方法方面也能够获得有效的指导，这时农产品的产量也就能趋于稳定乃至上升，从根本上提升农业的生产效率。

弱用大数据技术，能够在分析问题时思考得更全面，因为问题或者劣势都能在大数据中有所体现，从而可以确保政府、企业和农民在农业生产中与发展农业的过程中做出科学决策。

（二）大数据给乡村发展提供精准数据

在过去，农产品滞销、瓜果蔬菜贱卖的供小于求的事件其实应归咎于市场供需失衡的问题。如果把农业生产过程中的数据汇总起来，合理生产实现供需平衡就会变得很容易。

例如，农场种植苹果，种植者运用大数据平台分析市场需求，提前规划生产，引入科学的种植方式，预计产量和实际产量近乎相同，农场只需要找到可靠的销售渠道，苹果还没成熟就已经预定销售完，通过大数据平台真正做到了预定式销售。大数据可以促进农业产业的发展，从而对农业产业链的形成与完善产生重要作用，与此同时产业链的形成还会提供大量的工作岗位，所以还能够有效解决农村的剩余劳动力问题。

（三）大数据可追溯农产品源头

食品安全问题是当前世界各国关注的热点。在农产品供应链不断拉长、不良商家投机倒把等不利因素的影响下，对农产品质量安全进行跟踪与监管显得日益重要。

借助大数据平台可以实现对农产品从田间至餐桌的每个流程进行跟踪。大数据可以完善每一个环节，农产品生产商、供应商以及运输者都可以利用物联网传感器技术、扫描设备以及分析工具对采集到的与供应链相关的数据进行监测。例如，在生产及运输过程中可由具有 GPS 功能的传感器实时监测农产品质量，这样可以有效防止食源性疾病并减少供应链浪费。

与此同时，大数据还为农产品监测预警提供了助力，通过对分散于我国各个农业产区农产品的生产与流通数据进行深度挖掘与有效集成，对其开展专业分析与解读，为农产品生产、流通等环节提供有效、优质的信息服务，从而提高农业资源利用率、流通效率，做到从根本上确保食品安全。

（四）大数据拉动乡村产业链

通过应用乡村大数据，乡村农业产业可以实现一体化，具体来说就是可以在农业的生产、加工、存储、运输、销售等环节中间形成一个完整的闭环与整体，从而可以有效对农业生产环节中的人、财、物等内容进行有效的协调与控制，进而提高农产品的价值。除此之外，对农业的产业链进行打造，还有利于提高农业企业的生产效率，增强农业企业的竞争力，从而增加农民收入，促进产业结构调整，与此同时还有利于农产品的标准化生产与质量安全来源追溯。

乡村大数据为农业发展提供了新增长点。一方面，伴随着乡村大数据的不断累积、储存与应用，也将为农业服务找到新的机遇，从而为农业发展提供全新的理念与角度。从社会角度来看，相关数据的分析、存储可以直接为整个社会带来大量的就业机会。另一方面，认知限制了人们的想象力，基于海量数据的挖掘，让人们对乡村生产各个方面的联系有了新的认知，衍生出更多的产业服务机会，增加若干中间产业，为乡村生产发展带来更多发展的增长点。

（五）大数据完善乡村医疗方式

1.乡村医疗改革中存在的主要问题

农民看病难、看病贵是我国农村普遍存在的现象。我国农村医疗改革工作正在逐步实施和完善，在农村开展农村合作医疗，受到了农村居民的赞扬与拥护，但是在实践过程中，还存在着很多的问题与不足。

（1）乡村公共卫生投入严重不足，医疗设备陈旧

由于农村经济相对落后，一些乡村卫生所没有条件去建设与购买更好的设施，

因此普遍存在基础设施不完善的问题。另外，乡村医疗人员存在素质较低的问题。有相关研究表明，当前我国的农村医疗发展存在需求与供给之间的矛盾，乡村的医疗工作基础条件亟待提高。

（2）乡村卫生人员素质较低，人才匮乏

对我国当前的乡村医疗进行研究可以发现，一些乡村医疗人员在文化程度、医学素质以及服务态度等方面存在问题，与医生的行为标准也存在着较大的距离。

（3）卫生资源分布不合理，药品价格居高不下

随着经济的发展，有很多乡村的行政区划都发生了变化，因此就出现了一些医院重复设置与重复建设的问题，也让乡村医疗的发展产生不适应之处。对于这种情况，应该及时加以改革与调整。除此之外，还有一些药品存在价格高的问题，这也导致一些农民看病、治病贵的问题。

2. 基层健康医疗大数据平台的建立和应用将改善乡村医疗

健康医疗大数据的应用将使医疗模式产生突破性变革，大大促进医疗的进步与发展，它的互联、共享将有力推进医疗卫生建设工作，缓解基层"看病贵、看病难"。健康医疗大数据包含的内容有很多，涵盖个人健康、医疗服务、健康保障以及食品安全等方面的内容，几乎涵盖人全部的生命周期。在医疗方面运用大数据技术主要包含两个方面的优势，一方面可以对健康医疗模式进行改进，另一方面可以对社会的经济发展产生促进作用，所以健康医疗大数据是我国重要的战略性资源。

相关调查表明，应该把人们的就医习惯与就医足迹完整准确地记录下来，然后对这些数据进行分析，建立一个集预防、治疗、康复于一体的电子服务平台，从而方便一些疾病在远程的医疗服务中就可以实现分级诊疗。

毫无疑问，要想搭建基层医疗大数据平台，第一步就是要改善基层滞后的医疗卫生条件，高级医疗器械与检验设备是不可缺少的。即时检验（point-of-care testing，POCT）是目前最先进的检验理念与技术，也是最符合中国基层医疗检验的方法和手段。

即时检验，具体来说就是检验不受时间、地点、人员等方面的限制，在检验结束之后可以很快地拿到检测的结果，然后可以为患者提供及时的诊疗服务。与此同时，即时检验的设备还有方便携带的特点，在农村地区可以发挥出很大的作

用，是一种实用的一体化诊断装备，其原理是通过互联网平台来对各种有效数据进行准确的探测、分析，既可以有效破解当前我国基层医疗卫生工作中存在的困难与痛点，还可以提升基层健康医疗数据的采集效率和使用率，从而进一步加快我国基层医疗信息化的进程。

健康医疗大数据的应用开发对于民生领域有显著改善作用，主要表现为如下三个方面。

首先，可以不断增强"自主健康"的服务体验，缩短就医时间，从而让人民群众在网上就能完成健康咨询、预约就诊、诊间结算等服务。

其次，随着时代的进步与发展，健康医疗大数据也在不断地发展与进步，所以将大数据技术和健康医疗服务深度结合并运用，可以让更多的人享受到优势资源，不仅较好地促进了分级诊疗的落地，而且还可以加快远程医疗的推广，进而促进精准医疗服务的开展。

最后，要加强对大数据的应用力量，促进涵盖全生命周期的防治康复健康管理的服务建设。

3. 健康医疗数据发展和应用中应注意的问题

大力发展医疗大数据，着力开展医保异地结算。在发展过程中，一定要本着安全第一、保护隐私的原则，对现有的资源进行重点整合和使用，构建互联互通的四级人口卫生信息平台，实现部门、地区和产业之间的数据开放与融合，实现医疗大数据的共建共享。

建立健全相关的法律法规与标准，为居民的健康管理与健康档案建立一个完整的基础数据库，实现对居民健康信息服务的规范化管理，严把健康医疗大数据的应用关，构建实名认证和相关控制系统，保护个人隐私与信息安全。

健康医疗领域的运用内容十分广泛，包括公共卫生、医疗服务、计划生育、医疗保障、药品供应等。随着时代的进步与发展，人口健康信息化已成为社会关注的热点。所以，必须要适应新技术带来的发展潮流，构建一个统一权威的人口健康信息互联互通平台，从而做到共建共享，促进健康医疗大数据的建设与发展，进而助力改善民生，促进经济发展。除此之外，还应该清除各级数据壁垒，疏通各部门和地区的通道，从而实现产业间数据共享，形成社会化健康医疗数据信息的互通机制。

第二节　大数据与农产品贸易

一、大数据背景下的农业生产与贸易

大数据正在影响着全球经济的各个领域。我国是农业大国，农业和农产品贸易发展相对来说都比较平稳，然而在大数据的推动下，农业生产方式和贸易模式正在发生着根本性变化。

大数据改变了传统的农业生产方式，依靠大数据，农业生产从播种到收获将会有一系列的数据被记录下来，如气候信息、农药用量信息、市场需求信息等。这不但大大节约了劳动力，减少种植成本，而且通过大数据能及时解决和排查农产品出现的问题，避免了不必要的损失，通过大数据还能精确算出适合播种哪些农作物，以及这些农作物的最佳播种时间、最佳收获时间，从而提高农作物的产量。

通过对当前的农业进行观察，可以发现农业的发展已经离不开大数据的支撑，从生产过程这个角度看，大数据早已成为农业生产中一项优质的生产要素，大数据可以把技术变成生产力，实现科技优势向经济优势的转变，而且这也可以让更多的农民接触到各类现代化的工具和设备，实现农业生产方式的转变，从而促进粮食产量的增加，提高农民收入。

大数据可以对经济增长、产品价格等内容进行全面的分析，还可以对市场信息的收集系统进行完善，从而促进农产品的价格始终保持在一个合理的价格区间内，随着时代的发展，人们越来越重视农产品的信息化发展。当前农产品的数据存在数量大、范围广的特点，所以要保证数据的准确性，让数据能够真身地体现出价格波动状况。运用大数据来分析当前的农业数据能够有效地提高农产品的生产效率。通过大数据的记录，将每年的同时期数据进行比较，就可以分析出当前经济政策与汇率利率对农业发展的影响，从而促进农产品更稳定地发展。

农产品金融化改变了农产品传统的价格形成机制，传统机制容易导致农产品价格不能适应市场变化，这时波动周期就会出现明显的缩短，所以波动的幅度也会很大，而且也会大大增加农产品市场的复杂性、不确定性以及不稳定性。然而，乡村农业大数据的使用与普及减缓了农产品金融化的趋势，而且借助电子商务网络平台，各地区农产品市场能够相互贯通，然后在全国甚至国际性的网站上形成大市场。

近年来，我国农产品贸易呈曲线上升趋势，农产品的出口与进口额都在逐年上升。其中，大豆等主要农产品的贸易量已经超过了粮食和棉花等传统大众商品。从结构上看，进口市场是与出口市场相对而言的，呈现高度集中的趋势。在规模方面，我国是世界最大的农产品出口国之一，但不断增长的势头并不代表我国农业在国际市场中拥有强大的国际竞争力。

对农产品的数据进行分析可以发现，我国农产品的出口贸易一直在持续增长，而且出口的数量也有所增加，但同时贸易摩擦也愈演愈烈。当前我国农产品对外贸易中一直存在逆差，而这也显示出我国农产品贸易结构有待完善，具体来说就是要结合区位优势，增加农产品类别，结合市场需求与环境因素，大力发展特色农产品。

当前在我国农产品贸易发展中仍然存在一定的问题，具体可分为以下三方面。首先，农产品质量不高、技术创新不到位，品牌不突出。当前我国农业生产仍以家庭为主，农业生产的专业化、现代化、标准化程度较低，呈现出技术含量不高、创新产品不多的特点，同时新品种研发及技术创新能力较弱，导致农产品质量不能适应国际市场要求，影响我国农产品出口贸易的持续健康发展。因此，要想提高农产品的品质和竞争力，就必须从源头抓起，加强农产品的技术研究与开发，加大对新型农产品的研发力度，从而促进农产品与国际市场多样化消费需求相适应。其次，国际贸易对农产品的标准与要求依然较高。在国际农产品贸易中，各国农产品质量安全水平存在较大差异，农产品质量标准的不统一，导致不同国家和地区对农产品进口要求的差异性，从而产生绿色贸易壁垒。所谓绿色贸易壁垒，就是为了保护自己国家有限的资源、环境与国民的身体健康而建立的一系列严格的环保标准，限制从国外获得产品或服务。当前有很多发达国家凭借其经济优势，对我国采取绿色贸易壁垒，对我国农产品出口造成严重阻碍，甚至还对我国农业结构战略调整产生直接影响。最后，我国的农产品缺乏完善的管理机制。目前我国政府在农产品出口上采取的是多头分割管理体制，各个部门各司其职、分段管理，但是这样容易导致监测与控制脱节，不仅未形成生产至出口的全过程监管机制，而且也很难建立起一个应对突发事件的应急机制。除此之外，还表现在零散的农业生产与开放的大市场中，始终缺乏一个能将农民整理好的合作组织，又缺少有经营实力的农业企业，因此无法参与国内国际市场竞争。而且这种生产和贸易脱离的情况，不仅损害了农民的利益，还不利于农民及时掌握国际市场的信息。因此，我国应适时调整产品结构，促进农业生产符合国际市场需要。

从大数据中可以得知，我国的主要农产品包含谷物、豆类、薯类、棉花、油料和麻类等，其中谷物以稻谷生产最多，并呈逐年上升趋势。面对这一情况，我国应该及时调整优势结构，增加稻谷生产的科技投入与支持，尤其要加强对稻谷产量大省的扶持。大数据分析技术是利用各种数据挖掘方法来获取大量有用信息，以帮助决策者做出正确决策。当一个来源地的农产品取得国际知名度时，便可申请地理标志保护产品，以产品产地名称进行命名来进行知识产权保护，经过长时间的积累，这些农产品将会成为一种珍贵的无形资产。

二、大数据与农超对接

农超对接，就是农户与商家之间达成意向性合作并签订相关的意向协议书，形成农户的产品直接向超市、菜市场、便民店等场所供应的一种新型流通方式。目前，传统的农产品交易方式已不能满足现代农业发展的需要，所以利用互联网技术构建"智慧农业"将是解决这一问题的有效途径之一。从本质上看，农超对接就是将现代的流通方式引入广阔的农村，把小生产与大市场联系在一起，在市场经济中建立产销一体化，做到商家、农民、消费者这三方的共赢。

通俗地说，农超对接就是农产品和超市之间的直接联系，使市场的需求成为农民生产的导向，这样不仅可以避免生产的盲目性，而且还可以在稳定农产品销售渠道、价格的前提下，减少流通环节，降低流通成本，为广大消费者提供实惠。

以美国的农超对接落实为例。美国的弄超对接和商店、超市自建的配送中心都是用于购买。在这个过程中，零售商可以从农场直接进货，不用经过中间环节。美国零售业十分发达，蔬菜、水果等农产品大多数是通过大型超市、连锁食品店进行售卖。美国各大连锁商店、大型超市或连锁食品店均设立了各自的配送中心，通过物流在农场直接购买农产品，不仅可以降低采购成本，而且可以节约大量时间。这些企业在农产品流通过程中采取的措施对我国具有重要的借鉴意义。美国设有专业行业协会，举办农产品流通交易会，其中就包括水果和蔬菜行业协会，农产品生产者、加工商、批发商、零售商等进出口商和其他人士均为该会会员。协会可以根据市场需要进行调整，并提供各种服务以帮助企业提高竞争力。从本质上说，这些协会就是一个大的转换平台，承担农产品流通的协调组织和交易的举行，加强了会员之间的信息交流，发展国际交流与合作，促进出口，为会员提供最新的流通政策与规定。

日本的农超对接也是运用农业协会，直接介入生产、采购、销售等环节。通过建立完善的制度体系来规范经营行为、提高产品质量，为农民提供优质服务。主要包含指导农业生产、联合使用大型基础设施、统一购置农业生产资料、农副产品的集中销售等6大功能。可以看出，农业协会在推动日本农业的经济发展、政治的稳定恢复、降低政府社会管理成本中起到了至关重要的作用。

农超对接不仅符合我国农业生产的特点，而且还与其个性化相适应，是今后我国农产品流通发展的方向之一。目前我国农村经济发展中还存在不少问题，农民增收困难是其中最重要的原因之一。当前我国农产品普遍存在渠道结构复杂、流通环节众多、信息不对称等问题，这都是农产品市场良性发展的障碍，更是当前农业供给侧结构性改革中的关键与难点。通过分析国内外农产品供应链的管理现状，提出了农超对接模式在农产品供应链中的应用思路及对策建议，以期为推进我国农产品流通现代化进程提供参考借鉴。农超与上联的生产和下联的消费衔接，对于传统农产品流通渠道来说，这是一个重要的补充，能够促进农产品流通信息化、标准化、集约化水平，从而提升农产品的流通效率与层次。

加快农业产业化，推动了优质农产品谋求更为广阔的市场，农产品流通渠道与模式需要进一步升级与优化。在这种情况下，农超对接应运而生并迅速成为一种新型的营销模式，它不仅可以实现对农民增收致富的作用，而且还能有效促进农村经济结构转型，推动农业产业结构调整，加快现代农业建设步伐。作为农产品流通领域中一个全新的命题，农超对接越来越引起各级政府的重视，采购商和农业从业者也对此予以重视。

同时，农超对接发展过程中还存在一些问题需要解决。例如，农民的供应能力、超市的需求发生了错位，农产品的价格和质量很难控制，等等。这些问题的存在严重影响了农民和超市的积极性，阻碍了农产品供应链效率的提升。商店、超市都需要花费很大的人力、物力与财力来摸清农产品的产量、品质与产品结构，只有这样才能甄别出实力强大、拥有诚信的供应商，还有不少农户的农产品还不完全符合某些大型商店的标准，因而双方无法建立合作关系。

这就需要一个利用大数据系统优势的平台，平台供应商构建诚信档案与实力档案相结合的供应商，对不同农产品的农户进行划分、规划等级、甄别与筛选，供这些公司间直接挑选适当的互惠公司或农户，从而使店铺、超市和优质供应商之间的衔接效率得到很大的提升，深入推进"网络＋农业"落地发展。目前，我国已形成以批发市场为基础、超市为主导、合作社组织参与的多元化市场体系。

农超对接对于优化我国农产品流通格局、深化农产品现代流通体制改革具有不可取代的重要作用。

通过组建农户、农产品信用体系等诸多维度，积累并使用产销数据，有效地增强了消费者对于农产品的信任度。通过对市场销售大数据的分析，及时了解和追踪消费者需求的变化，有的放矢地生产高端农产品，使农产品供应市场准确。

三、大数据与农产品销路

IT、金融业近年来对农业投资的热情高涨，都甘愿下乡争当"新农人"，随之，各大电商网站纷纷扩大农产品市场，给传统农产品销售带来一定的冲击影响。经济快速发展，带动了人民生活的水平提升，追求高品质农产品，愿意为此支付更多费用，从而使市场对绿色生态农产品需求强劲。同时，随着我国社会生产力水平不断提升，农业现代化进程加快，现代农业技术也在不断进步，农产品生产经营模式不断创新，农产品质量安全得到保证。所以，农产品发展大有可为，市场广阔。

在大数据时代的影响下，农产品的优势在于可以利用相关平台实现农产品生产、配送、仓储、分销和消费者数据资源的整合、分类和提炼，使生产者与消费者在农产品供需信息等方面得到跃升，生产成本、流通成本、销售成本随之下降。但目前，农业大数据还存在共享开放不足、数据不完整、信息封闭及信息不对称等很多问题。例如，针对农产品滞销现象，相关部门和企业还没有在大数据背景下找到能真正有效解决问题的思路和方案，农产品滞销事件的根源就是市场供需的不均衡。

大数据具有数据量庞大等特点，整理的速度和数据的种类、价值和精确度有关。大数据与农业生产息息相关，能够为精准农业提供可靠依据。运用大数据可以有效化解农民与市场之间的信息不对称。目前在畜牧业中应用较多的就是大数据技术。以猪肉为例，借助大数据技术，生猪产业的数据可细化为每一头猪的生长、饲养状态、位置信息、健康状况、出栏时间、预期收益等信息，也可以与市场接轨，开展市场调查，充分把握市场需求、价格波动的状况等，极大地减少了盲目市场行为。

此外，利用大数据、云计算等方法能够对猪肉价格周期变化进行预测，由此得到猪肉价格波动周期。如今，市场猪肉价格的变动大约 3～5 年是一个完整的周期，少则 2 年多，这一循环的时间受到多重因素的制约，比如天气情况、传染病防治、国家有关政策的调整、农民收入水平、饲料价格上浮等，也与人民生活水平和消费心态有关。因此，在生猪产业发展中应该结合这些因素制订出相应的应对策略来稳定生猪价格。借助云计算、大数据等技术，对海量数据进行调查、分析和评判，由此建立养猪综合信息系统，让全国各地饲养生猪的农民得到高效的饲养、销售信息，一定会让养猪更科学化、合理化，进而确保农户经济利益与消费者利益，还能大大减少产品滞销的问题。

运用大数据进行数据提炼、市场分析与平台运作的优势，仅能解决部分因时空限制造成的供需不对称，起到改善农产品滞销的作用。从长远看，把零散的小农经济融合为规模效应大、市场敏感的农业企业经济，提高农业生产单位本身抵御风险的能力，在培养农产品网络营销与市场开拓人才的同时，从根本上整治农产品滞销。

四、大数据与农产品质量安全

中国是农业大国，人民群众的健康与生命安全都与农产品的质量安全息息相关，同时农产品的安全也关系着农业的发展。一旦农产品监管预警工作不到位，将使得农产品质量安全事件频繁发生，对人民的生命健康造成严重的威胁，并且严重制约我国农村、农业、农民的发展。由此可见，提高农产品质量安全治理能力迫在眉睫。

（一）影响我国农产品质量安全的因素

随着"'互联网＋'行动计划"的提出，农产品的质量安全问题又成为政府工作的核心内容之一，目前我国农产品质量安全受各种因素的影响。

1. 农产品的流通渠道比较混乱

农产品流入市场的渠道比较多，很多农产品的流通渠道很难追溯，有些存在质量安全问题的农产品无法找出问题源头，导致农产品质量安全监管工作很难有序开展。

2. 农产品交叉污染

随着社会发展越来越迅速，工业产业的发展加快，与此同时工业的污染和生活垃圾处理不当，会导致农产品产地环境出现立体交叉污染，也对农产品的质量带来一定的影响。

3. 农产品没有系统的监管体系

我国农产品生产链条长、环节多，生产者和经营者很难按照统一的技术标准来生产与经营，也没有完善的农产品质量安全监管信息体系可参照，因此需要加快健全和完善农产品质量安全信息化体系的步伐，为农产品的安全问题提供有效的解决方法。

4. 农产品经营者非法造假或缺乏对农产品的安全意识

一些生产经营者诚信意识淡薄，违规使用投入品、非法添加禁用物质、制假售假等，直接反映出农产品质量安全信用的缺失。所以要加快农产品质量安全信用体系建设，培育新型职业农民，促进农业生产向标准化生产、规模化经营、组织化管理、品牌化销售方面进步与发展。

（二）大数据把控农产品的质量安全治理

大数据的应用和发展，可以为农产品生产、流通、销售等环节提供精准的信息和数据。要切实提高农产品质量安全水平，以更大力度抓好农产品质量安全，完善农产品质量安全监管体系，把确保质量安全作为农业转方式、调结构的关键环节，让人民群众吃得安全放心。

大数据将为我国农产品质量安全治理工作带来新的机遇与挑战。我国正在加快研究制订大数据发展国家战略，将促进大数据发展提升为一种国家行动，基于大数据对农产品质量安全治理进行研究具有重要的理论意义与实践价值。

基于海量的食品安全数据，监管方式正发生智能化变革，大数据给农产品质量安全治理带来了巨大机遇。大数据时代，射频识别技术、GPS 定位系统、传感器等技术在农产品链条中的应用，将产生大量的数据。通过大数据分析、挖掘、处理技术可以为农产品质量安全治理提供及时、精确的信息，使得农产品质量保障可以追根溯源，大数据为农产品质量安全治理工作提供了强有力的支撑。

要充分利用现代网络带来的优势，充分利用大数据、物联网等现代信息技术，推动农产品质量安全信用与农产品产、供、销标准化建设，构建全国农产品质量安全监测信息系统、质量追溯信息系统、风险预警评估信息系统以及亚太地区农产品质量安全合作信息系统，协助农产品质量安全产业链各个环节，为农产品质量安全提供标准化与规范化的管理保障。为了更好地对全国畜牧业、种植业、渔业相关数据进行可视化管理，就要对全国农产品的质量安全监测信息进行采集。

大数据可利用移动通信技术采集和汇总农产品质量安全数据，按信息来源、行业类别、危害程度、涉及范围等要素对农产品质量安全事件进行初步识别，确定农产品质量安全信息等级以及对可能造成的损失进行预测评估。在农业生产过程中，利用物联网、大数据等信息技术，从生产到销售过程中，推行农产品的标准化生产和全程控制，从源头开始为农产品质量安全做出保障。

我国地域广阔，农业涉猎范围十分广泛，东北地区和西部地区也逐渐开始向着精准农业的方向前进，但是依照我国农业的现状，在全国范围内，农业分布相对来说比较分散，多数的农业生产方式仍然是小农经济，受到多种因素的制约，想要在全国范围实现农业物联网，还需要经过漫长的过程。物联网的发展离不开大数据，依靠大数据可以提供足够有利的资源；同时，大数据也推动了物联网的发展。新时代对农业发展提出更高的要求，这是一种智慧化的新形态，其外在表现就是物联网，而其内涵就表现为大数据。未来，大数据和物联网会给人类带来更多可能。

第三节 大数据与农业种植养殖

一、势在必行的农村产业升级与大数据

2016 年 4 月，由北京大学数学科学院主办，华农天时科技有限公司协办的以"农业大数据助力产业升级"为主题的第一届春耕论坛在北京大学举行。这是国内首个聚焦农业大数据的高端产学研论坛，与会专家学者汇聚一堂，围绕大数据在"三农"领域的应用、造福农业农民进行了深入的探讨。我国企业拥有完全自主知识产权的农场数字化管理智能系统已经在京津冀的现代农场开始运行，这意味着中国农业大数据科技时代的帷幕已经开启。

农业农村的人力和资源正从单向流出模式向城乡双向流通模式转变，这为农业农村带来了大的发展机遇。加快农业产业化转型升级、主要应做到以下六点。

一是推进粮食产业变革。要清醒地看到新常态下粮食产业面临的问题从粮食产能供给不足向产能过剩转变，从产业规模扩张向转型升级转变。逐步开展休耕试点，扩大牧草面积，适度规模经营，加快推进农业现代化，提升土地产出水平。要推动新一轮粮食科技革命，需要引入工厂化生产方式，大力发展精准农业，要延长农业产业链，发展粮食精深加工。

二是加快传统产业转型升级。传统产业要激活产业内生动力，加快产业转型升级。充分利用资源优势和产品品质，推动农村新型经营组织从低水平竞争向高水平竞争跨越。

三是发挥农业产业多功能性。在农业产业的基础之上，可以建立休闲度假、旅游观光、文化教育、农家餐饮等方面的服务。

四是大力提升农产品的消费业态。例如，我国台湾地区对茶产业进行深度挖掘，创新需求，拓展了茶产业链，创新茶产业的有效供给。

五是要逐步跨入国际市场。我国农业资源丰富，一些农业产品供给结构性过剩，可以通过"一带一路"区域农业资源与农产品消费市场进行互补，形成互利共享，构建网络平台，加快农业跨入国际市场的步伐。

六是建立现代网络平台利用网络平台的作用，构建"互联网＋农业产业化"平台与电商对接，降低经营成本，提高供给效率，实现线上线下一体化、市场动态信息化、网络连接一体化。

农村通过云计算、大数据等先进的信息技术将分散的农业资源进行整合分析，实现农业交易服务的标准化、流程化、高效化，会真正激活农村各类资源的价值，为农民的生产生活提供便捷的智能化服务支撑，加快推动我国农业转型升级。

二、大数据造就智慧养猪新模式

大数据智能化管理让自动化绿色生态智能养猪新模式成为现实。养殖户出门在外也能实时检测猪场内环境，包括温度、湿度、氨氮等，实行恒温、恒湿、通风通气智能化控制，排泄物、废水收集后经过处理用来发电和灌溉，并能实现自动化供料喂养，轻松省力。猪的营养搭配非常仔细，能量是多少、蛋白是多少、蛋白内 21 种氨基酸如何分布……每一个比例都有严格的标准，非常严谨，实时的数据更新能很好地把握猪的营养动态，让养猪变得更加科学，这都是数据化管理带来的变化，是传统的养猪方式无法实现的。

在生猪销售环节，可以通过国家生猪市场平台将猪直接销售给下游的屠宰食品企业，这种基于互联网、大数据基础上的生猪管理平台，就是猪联网，它极大地提高了猪场的生产与交易效率。

在未来的发展中，养猪场还能通过大数据实现猪场的产品零污染，而且通过扫描猪肉二维码，就能知道这头猪的来源和生长过程。此外，养猪场还能实现零供给，打造光伏发电和沼气发电，将养猪场自己的水电进行循环利用。

物联网对于养猪业的改造，并不是最传统的农业转型升级的唯一体现，我国的农业正在从传统走进现代，通过对农产品进行不同程度的加工，让农产品从田园到餐桌的过程增加更多的价值，因此越来越多的农业公司、互联网公司加入这一进程当中来，快速推动产业升级。把养猪场的数据传送到大数据的平台，通过数据清洗和加工，就能得到一个全国猪场存栏结构的样本，以此为基础进行出栏的预测，可以有效指导未来几个月应该如何调整生产，让每一个猪场都可以提前做出生产方面的判断，这可以大大减少猪场的养殖风险。

猪场借助物联网的应用可以极大节省人力，通过一部手机就可以控制猪场的生产设备，通过认证的设备，可以直接链接到猪联网，匹配后就可以使用，如果需要设备采购，可以在猪联网在线采购，极大降低了物联网的准入门槛。

通过对养猪大数据的挖掘和分析，反过来给养猪产业的生产和交易提供数据依据，提升效率，降低成本，平抑猪周期，探索价格发现功能，让养猪产业从之前一个非常传统的产业，变成一个以数据智能为基础的新产业，这就是所谓的智慧养猪。

三、传统林业进入智能时代

近年来，我国的环境形势十分严峻，多省出现连续雾霾天气，空气质量下降。我国原有四大沙漠和四大沙地，而且存在不少零散分布的沙地，除自然原因外，还有许多人为因素，如很多地区乱采乱挖、乱砍滥伐等现象严重，环境治理问题迫在眉睫。为了有效防止土地沙化和水土流失，改善旱涝灾害带来的严重破坏，必须加快对森林和湿地的保护、调节气候、调节径流环境的进程，大力促进智慧林业发展。

智慧林业是利用云计算、物联网、大数据、移动互联网等新一代信息技术，通过感知化、物联化、智能化的手段，形成林业立体感知、管理协同高效、生态价值凸显、服务内外一体的林业发展新模式。

信息化的时代要求促进我国的传统林业向智慧林业转变。信息化在林业发展中的应用也进一步加深，对于林业企业来说，能够快速发展智慧林业，就能大大提高市场竞争力。在林业信息化的推动下，改变了林业企业传统的"露天仓库、无围墙企业、粗放管理"的传统经营模式，提高了林业企业的生产效率，使林业企业走上快速发展之路。

现代信息技术是智慧林业的核心内容，想要实现林业企业高效优质发展，就要建立一种智慧化发展的长效机制。智慧林业是未来林业创新发展的必由之路，利用能够随时获取的数字信息，改变"人为主体、林业资源为客体"的传统局面，实现林业客体主体化。利用信息传输快捷、高效和安全性，实现智慧林业的一体化发展，在林业信息化与生态化、城镇化与产业化融为一体的过程中，要注意在协同中实现现代林业的和谐发展，打造拥有更多功能性生态圈的智慧林业。

智慧林业的本质特征是生态化，利用先进的理念和技术，不断丰富林业自然资源；在开发完善林业生态系统的过程中注意与科学构建林业相结合，并融入整个社会发展的生态文明体系之中，保持林业生态系统持续发展强大，同时保证林业综合效益最优化。我们要学会利用物联网、云时代的技术，正视人类与环境的关系，处理好人与林业的发展，借助物联网的应用实现相互之间的和谐。

虽然智能时代已经来临，但林业因其自身的特点，在智能化发展道路上依然会遇到很多困难。因此智慧林业的建设，是一项需要长期坚持的系统性工作，需耐心扎实地分阶段推进。政府也要积极鼓励企业参与智慧林业建设、汇聚各方力量，加大人力、财力、物力的投入，加快智慧林业建设的步伐。

不论是对我国还是全球的长期发展来说，林业的发展至关重要。只有保证林业的可持续发展，才能保证生态系统的多样性和完整性，在此基础上才能实现让林农过上富足的小康生活，因此林业的发展价值是难以估量的。立足于我国林业发展现状，想要改善林业的发展状况就一定要进行科技创新，并建立长效的林业研究机制，以便提高林业方面的科技创新能力，保证林业的可持续发展。这是林业现代化发展过程中必须注重的问题，想要实现林业发展的长久与可持续性，就要紧围绕生态林业、民生林业，凝聚智慧，抢抓机遇，踏踏实实地奋勇前进。

四、大数据与远程种菜操控

传统的种菜离不开浇水、施肥、打药，人们经常说种菜凭经验、靠感觉，并把这些经验与方法代代相传，人们就用这种方法完成农产品种植。然而，蔬菜该不该浇水、施肥、打药，对蔬菜环境的温度、湿度、光照、二氧化碳浓度如何供给，大数据都给出了完美的答案。

温度湿度控制系统实现对农业生产环境信息采集和设备远程控制，安装摄像头来实现视频的远程监控，依次建立生产管理、储藏运输和质量追溯系统。在所有需要监测的区域内安装温度湿度、光照、土壤温度湿度、叶面湿度、二氧化碳等传感器，对农作物温室内的温度湿度、光照、土壤温度、土壤含水量、二氧化碳浓度以及叶面湿度等环境参数进行实时采集，利用无线数据传输将设施内的温度、湿度信息实时发送到中央控制室。当采集数据超过系统预先设置的限制时，将开启系统报警功能，并发送短信告知相关管理人员，便于对农作物生产进行管理。

现代农业信息中心是"互联网＋农业"在数据集成上进一步优化的尝试，这个互联网平台把互联网技术在农业精准生产、信息服务、检测预警等方面的作用更好地发挥出来。接入数据库的农户还能在极端天气、病虫害高发等特殊情况发生前，收到提前做好防护措施的信息，将损失降到最低。

蔬菜种植大棚的管理人员可以通过手机软件连接到大数据平台，不仅可以远程看到这些数据，还能在这些数据出现异常的时候进行远程操作，控制各项指标。随着智能化水平的提升，还能实现通过智能化设备采集信息，经过分析自行进行处理，而不再需要人工操作。

在信息平台中心现场电子监测大屏上，不仅能清晰看到棚内每个时间节点的视频画面，还能准确显示土壤湿度温度、空气湿度温度、光照强度、二氧化碳浓度等各项数据信息，通过大数据分析，可实现对光照、温度湿度等因素的自动监测，科学种植，除日常的短信咨询外，还支持在线咨询专家。

五、精细农业与大数据

精细农业也可以称为精准农业，是以信息技术为支撑，根据空间变异，定位、定时、定量地实施一整套现代化农事操作与管理的系统，是信息技术与农业生产全面结合的一种新型农业，也是近年出现的专门用于大田作物种植的综合集成的高科技农业应用系统。

我国地域广阔，农业涉及范围广泛，在我国的东北地区和西部地区也逐渐开始向精细农业的方向发展。全智能自动化的系统让农业种植管理变得简单起来，农民只需要一部智能手机下载一个客户端就可以全面对农场进行管理，足不出户就可以监查到农场的环境状况以及农作物的生长状况等，大幅度地提高了农作物的管理效率，同时也提高了管理的准确性。

精细农业的主要特点包括以下四个方面。一是合理施用化肥，降低生产成本，减少环境污染。精细农业采用土壤、作物全面平衡施肥，改变传统农业中出现的肥料比例失调的状况，因此有明显的经济和环境效益。二是减少和节约水资源。传统农业中大水漫灌和沟渠灌溉因为存在渗漏和损耗，水的利用率只有40％左右，而精细农业可由作物动态监控技术定时定量供给水分，可通过滴灌、微灌等一系列新型灌溉技术，使水的消耗量减少到最低程度，并能获取尽可能高的产量。三是节本增效，省工省时，优质高产。精细农业采取精细播种、精细收获技术，并将精细种子工程与精细播种技术有机结合起来，使农业低耗、优质、高效成为现实。四是农作物的物质营养得到合理利用，保证了农产品的产量和质量。精细农业通过采用先进的现代化高新技术，对农作物的生产过程进行动态监测和控制，并根据其结果采取相应的措施。

农业的耕作机器也越来越科技化、现代化，农民完全可以在家中对机器进行监控。之前的农业机器在使用的时候经常会出现各种各样的问题，而且在使用的过程中会导致农作物出现各种异常状况，如果没有及时发现，最后往往会造成一定的经济损失。以前在耕种的农田中，土壤营养状况各有不同，但是农户只能凭借着自己的经验去播种，无法照顾到土壤营养不均等问题，所以会导致农作物的产量不足。

全智能自动化系统的农业机器能够依据土壤的肥沃程度，及时进行播种的自行调节，能更加精准地合理应用土地，看似简单的机械化改变，却能够实现农作物的产量提升。除了在农作物耕作机器上的进步，精准农业还涉及更多方面，能够通过全过程精准的计算，实现水、肥料以及农药最大程度的节约，将农作物所需的全部原材料的量都控制在精确的数值，这样不仅有利于实现规模化运营，而且让农场的运行如同流水线一样方便、省时省力。

大数据开始让农民接触智能化的先进技术设备，而这一切都是以精准农业为源头。目前，我国农业的生产模式已经逐渐开始向机械化和技术信息化的方向发展，精准农业已经让越来越多的农户感受到种植变得更加轻松。传统农业随着物联网、大数据等先进信息技术的影响，将会给自身的转型带来十分有利的机遇。

第四节　大数据与农村金融的交互

一、大数据时代的农村金融服务

大数据时代为农村金融服务提供了一次前所未有的变革机会。我国开展的美丽乡村建设，使得我国农村金融业快速发展，体制改革也不断推进和完善，如今我国农村金融体系已经基本成形，正规金融机构和非正规金融机构共存，其中正规金融机构为本，非正规金融机构为辅相互协作。

随着移动互联网的普及，农村市场成为电商发展的新"蓝海"，阿里巴巴、京东等电商企业纷纷将业务向农村拓展，并致力于用互联网和大数据探路农村金融。阿里巴巴和京东相继推出"村淘"和"最后一公里"，京东服务帮表明，各互联网电商巨头已经将目标转向农村，也掀起了一股强劲的"互联网＋农村"的热潮。而从阿里巴巴和京东的战略部署中我们不难看出，农村显示出的惊人消费力和巨大潜力让各大电商都将投入大量的人力、物力、财力去抢占"山头"。

大数据技术的应用让农村金融服务企业更加了解客户需求，从而能够针对农村客户的特点提供有针对性的服务。农村金融服务企业主要采集个人客户的工资数据、消费数据、兴趣偏好数据、风险容忍度数据等。要加以区分的是，农村金融服务企业现阶段拥有的数据并不全面，还不能被称作大数据。利用少量数据分析出的结果往往会以偏概全。

在大数据时代面向农村客户做金融服务营销，无论是产品研发、渠道布设、价格设定，每一项工作都必须得到大数据的采集和分析。金融服务企业如果想在农村良好有序地发展，就必须做到以下两点：一是积极采集数据并以建立的模型加以统计分析，充分了解市场需求，同时通过与竞争企业的信息对比找到优势产品推向市场；二是通过积累的农村金融客户信息分析客户的需求和兴趣，在满足客户需要的同时增加客户黏性。农村金融服务企业要建立目标客户大数据信息库。分门别类地收集客户各个方面的信息。农村金融服务企业借助大数据蕴含的神奇力量，能够为客户提供更加贴近需求的服务。

二、"互联网＋大数据"在农村金融上的突破

（一）中国农村金融发展面临的困境

1. 农村金融体系不完善

贷款难、贷款贵是农村金融长期存在的问题。一方面由于农村市场化程度不高，另一方面由于农村抵押物不足。

2. 农村合作金融机构不够大

在农村金融的众多机构中，农村合作金融机构与"三农"最早接触，县域农

村信用合作社市场份额常占五成左右，对于"三农"的贷款增量常占八成左右，已确立农村金融主力军的地位。但还是有部分农村合作金融机构不够完善、经营管理比较混乱、管理体制和联动发展的动力不足，导致后台服务能力不强，致使农村合作金融机构整体实力不够强大。

3.定价机制不健全

大多数农村金融机构议价能力较弱，定价机制不健全，资金议价定价能力与农业银行等大型商业银行相比，显得比较薄弱。受民间金融定价大起大落的影响，会对自身金融企业造成一定的冲击。同时，监管层严格的资本约束和业务管理对农村金融机构议价定价形成了一定的时空限制。

4.风险管理不够严密

我国经济将在较长时期内经历一个去杠杆、降产能、挤泡沫的过程，当前风险跨市场、跨机构传导特征越来越明显，单家农村合作金融机构的风险容易传染到多家农村合作金融机构，单个风险可能演变为多种风险，导致流动性风险、信贷风险、信息科技风险、操作风险、市场风险、声誉风险彼此交织、相互叠加，共振放大。

从目前县域经济金融发展情况来看，最先守不住系统性风险底线的可能依次是融资性担保公司、小额贷款公司、村镇银行、不合格的农村信用合作社，不够强大的农村合作金融机构同样可能发生较大的金融风险。

5.农村信用不透明

我国广大的农村地区具有一些特定的乡土文化传统和网格化的人际关系特征，农民、小微企业对内信息真实与对外信息不真实的现象比较普遍，陌生人之间信用信息"刚化"程度不高。农村信用评级与征信工作普遍不到位，市场经济的信用理念还没有完全植入广大农民、小企业主的思想和行为之中。由此，在农村信用水平较低、透明度较低的情况下，农村金融机构放款意愿大大降低，各农村金融机构规模扩张动力减弱，服务质量难以提高。

（二）"互联网＋大数据"为农村金融带来新业态

随着农村经济发展，农民对金融服务的需求逐渐提高。近年来，随着移动互联网的普及，借助于大数据和技术风控，"互联网＋"为农村带来了全新的金融业态，互联网金融正迎来机会。

中国平安农业金融服务发展委员会的成立，将重点针对农村金融的特点和发展趋势，开创区别于城市的差异化模式，利用两大现代科技重点发展农村金融：一是移动互联网技术，降低农村消费者接触门槛，降低服务、交易、运营成本，建立少物理或无物理网点模式，适应新农村经济发展需要；二是大数据征信技术，增强风险管控手段和效果，提升用户体验。

农村普惠金融的关键是增强贫困地区农户、微型企业金融服务的可获得性，过去这是农村金融的重大难题，现在移动互联网技术、大数据征信技术的应用，将为解决这一难题创造机会和空间。

一些电商平台旗下的金融业务品牌依托自身电商平台优势，建立电子商务服务站，发力完善自有农村物流体系。在此基础上，电商平台积累了农户消费者购买数据及销售者和供应商的信用数据，并根据数据优势建立起一套信用风控模型从而推进农村金融服务。

移动互联网和新金融服务的渗透正在让传统农村的生活方式与经济结构发生显著变化，农村互联网金融显现出三大特点，即买卖线上化、金融服务平等化、农村人口年轻化，这三点也构成了中国农村下一阶段发展的动力和源泉。

"互联网＋"为农村带来了全新的金融业态和金融模式，大大激发了农村金融的活力和效率。在移动互联网红利下，农户观念发生了翻天覆地的变化，他们拥抱互联网、重视信用，利用金融工具来改变自己的生活和生意，同时城乡之间金融服务的获取差别减少，让广大农民回乡创业的积极性大增，包括吸引大学生回乡创业。

三、农村互联网金融如何应用大数据

（一）农村发展互联网金融的必要性

互联网金融是一种全新的金融模式，而农村互联网金融则主要指在农村地区存在并发展的互联网金融，其金融活动目前主要是小微信贷、众筹、第三方支付开放平台、余额增值服务产品的使用等。

目前，我国农村传统的金融机构不能满足农村的需要，传统的金融机构主要是商业银行和农村信用合作社，它们在农村的覆盖率比较低。农村互联网金融的发展将会改善这一问题，因为发展农村互联网金融的投入要比单独建设网点的成本少得多，而且还能打破空间的约束，使农村整体的金融服务水平得以提高。

（二）农村互联网金融发展面临的困境

1. 农村金融征信体系不完善

在农村市场很多农民缺乏信用记录，目前在中国大概有 5 亿人在央行的征信系统内只有身份证号码，还有 5 亿人不在征信系统中，这其中有相当一部分是农民。不完善的征信体系给农村互联网金融的发展带来极大的挑战，对于想要开拓农村金融市场的电子商务企业也是极大的挑战。

2. 现有金融机构不能满足农村经济的发展

由于农村地区偏远，人口密度小，金融业务量匮乏，导致金融机构在农村开设网点的成本比较高，所以农村地区的金融机构多以邮政储蓄和农村信用社为主体。邮政储蓄仅为农民提供储蓄服务，农村信用社虽然能够提供贷款业务，但其网点在全国的覆盖率比较低，仅有 4 万余家法人组织，因而造成现代农业的快速发展和金融机构相对滞后的矛盾日益突出。

3. 多数农村居民使用传统的消费支付方式

农民自身的知识文化素养，给金融知识、金融产品、金融生活方式在农村的传播及普及造成了一定程度上的束缚，而且很多农村地区的居民依然使用纸质存折，未使用或者不会使用银行卡，无法进行网上支付和消费活动，所以对于农村互联网金融的建设需要更多的新思想、更先进的金融理念。

（三）大数据在农村互联网金融的应用

1. 以大数据为基础的信用体系

在农村互联网金融领域，征信的基础支撑作用尤为重要。传统征信大多反映的只是客户的还款能力，而大数据征信体系则能够反映客户的还款意愿。因为大数据征信体系通过大数据技术收集一个客户的所有信息，记录客户的行为轨迹，最主要的是大数据征信可以以其所掌握的数据资料对客户相对稳定的性格、心理状态以及经济情况进行分析预测，最终判断客户的还款意愿及还款能力。另外，如果对大数据的应用场景进行扩展，还能够扩大大数据征信的范围。所以，农村互联网金融机构可以将大数据征信体系与传统征信体系结合起来，减少信息不对称，降低发生逆向选择和道德风险问题的概率。

利用大数据还可以进行客户信用管理，大数据技术可以获取客户信息和行为数据，目前一些小微信贷的客户管理就是靠大数据支撑，在网络上广泛收集有关客户的相关信息及数据，然后再对客户进行分析和预测，从而判断客户资质。比如，阿里信贷通过分析店铺点击量、订单量、买家评价等企业行为来获取企业信用，而花旗银行则是通过搜索客户的社交网络、公共网页等信息来获取信用记录以及信用历史。

2. 数据挖掘助力农村小微企业信贷

小微企业贷款难的问题由来已久，互联网金融是解决这一问题的有效手段。农村小微企业信贷面临的难题是信息不对称、管理不规范，因而农村互联网金融机构及企业需要通过大数据挖掘、分析和运用，去识别具有市场潜力的农村中小企业客户，完善批量化和专业化审批流程，然后向合适的农村小微企业提供小额贷款。比如，阿里金融的信贷工厂就是通过大数据分析建立的面对小微企业的信贷服务。

小额贷款可以只借助于互联网，完全线上运作，交易成本较低。大数据挖掘的数据不仅包括结构化数据，也包括非结构化数据，挖掘的信息既有横向的也有纵向的，信息来源是非常广泛的，因而能够更好地衡量客户的信用水平，解决金融业的信息不对称等问题。互联网金融机构利用大数据挖掘技术，进而找到与客户主体有关的潜在关系，从而建立新的客户关系网络。

第五章　巩固脱贫成果、促进乡村振兴的建议

第一节　建立健全巩固拓展脱贫攻坚成果机制

一、保持主要帮扶政策总体稳定

（一）坚持"四个不摘"

脱贫攻坚目标任务的完成并不意味着终结，而是新乡村振兴的开始，以 5 年为过渡期，巩固脱贫攻坚与乡村振兴有效衔接。在过渡期内，要严格落实"四个不摘"要求，保持现有帮扶政策、资金支持、帮扶力量总体稳定。

"四个不摘"是指：摘掉贫困帽子不能摘掉帮助贫困地区人们摆脱贫困生活的责任，防止松劲懈怠；摘掉贫困帽子不能摘掉贫困地区的政策，防止急刹车；摘掉贫困帽子不能摘掉帮助贫困地区人们过上富裕生活的社会力量的帮扶，防止一撤了之；摘掉贫困帽子不能摘掉对贫困地区社会经济的监管，防止贫困反弹。它形象生动地表达了在脱贫攻坚取得全面胜利之后，脚踏实地、继往开来、接续奋斗的坚定决心，为全国人民凝心聚力全面推进乡村振兴提供了清晰的路径遵循。

"四个不摘"，实质是要求我们不要把摆脱贫困摘掉贫困帽子当成奋斗的重点，而是要当作进入新时期、迎接新生活的起点，一鼓作气、再接再厉全面推进乡村振兴。这需要坚决克服骄傲自满的思想，摒弃歇一歇再起来赶路的念头，乘胜追击、快马加鞭，坚持把责任担当牢牢扛在肩上，把好的政策落地落实落细，把继续帮扶时刻放在心上，把强化监管、防止返贫放到重要位置上，有利于将贫困地区经济社会发展的帮扶政策持之以恒地贯彻下去，确保政策连续性。

（二）保持兜底救助类政策稳定

1. 提升兜底保障水平

当前，脱贫攻坚已经取得了全面胜利，但还存在一些残疾人、孤寡老人、长期患病者等"无业可扶、无力脱贫"的贫困人口以及部分教育文化水平低、缺乏技能的贫困群众。对于这些特殊人群，只有采取农村低保等政策性兜底保障和慈善等帮扶措施，才能解决他们的特殊困难。

提升兜底保障水平，要健全农村低保与扶贫开发两项制度衔接机制，统筹发挥社会保险、社会救助、社会福利等综合保障作用，落实好城乡低保、医疗保险、养老保险、特困人员救助供养、临时救助等综合社会保障政策，编密织牢特殊困难人口基本生活兜底保障网。落实好残疾人救助、"两补"政策，做好留守儿童、留守老人、留守妇女等特殊群体关爱服务，对突发性的因灾等情况出现的相对困难群体，实施好生产生活救助、帮助渡难关、解忧愁。同时，通过把空置学校、旧村部等公共场所设施改造为农村幸福苑、敬老院，切实提高空巢老人的集中供养能力。

2. 提高防灾救灾能力

加强部门协作配合，健全完善自然灾害救助应急预案和应急救灾响应措施，自然灾害造成受灾群众基本生活困难的，第一时间调拨发放帐篷、被服、食品等救灾物资，进一步发挥乡镇扶贫开发基金临时救助作用；确保受灾群众在灾后12小时内基本生活得到初步救助，有效解决其突发性、紧迫性、临时性基本生活困难。同时，修建完善好乡村生产便道、小型灌溉设施等公益性生产生活设施，重点解决影响乡村产业发展中最突出和紧迫的制约因素，增强抵御自然灾害的能力，提升产业发展的稳定性。

（三）落实民生保障普惠性政策

民生问题关系着人们的幸福生活，关系着社会的长治久安。针对贫困地区教育不均衡、医疗体系不健全、住房困难等问题，要落实好教育、医疗等民生保障普惠性政策，并从脱贫地区的实际需求出发给予适度倾斜。

1. 教育政策保障

认真落实学前教育、义务教育、普通高中、中职教育、普通高等教育等资助政策。发挥乡镇扶贫开发基金会作用，每年定期给予困难学生尤其是困难大中专学生生活补助费用，确保除身体原因不具备学习条件外的脱贫家庭中的适龄儿童拥有上学的机会，确保义务教育阶段儿童不失学。

2. 医疗保障

贫困地区普遍存在着医疗体系不健全、人们就医难的问题，因此要落实好城乡居民医疗保险、叠加补助、大病保险倾斜等政策。改善村级卫生所设施条件，推进卫生人才培养和乡村基层卫生机构医务人员技能培训，提高签约医生对特殊病种的服务水平。继续为扶持对象购买扶贫小额保险，切实减轻医疗费用负担，有效防范因病返贫致贫风险。

3. 住房保障

建立健全脱贫户和相对贫困家庭房屋安全定期核查和汛期跟踪动态监测机制，做好房屋结构、地质灾害、设施设备、火灾洪灾等安全隐患排查，通过危房改造等多种方式，及时消除安全隐患，确保基本住房安全。落实政策性农村住房保险政策，为脱贫户、相对贫困家庭（含低保户）办理基础保险和叠加保险。强化易地扶贫搬迁后续扶持措施，着力帮助搬迁对象解决户口、就学、产业、就业等问题，着力提升搬迁群众生产生活质量。

4. 饮水质量保障

持续开展农村饮水安全巩固提升工程建设项目，及时将有条件的脱贫户和相对贫困家庭纳入集中供水对象，着力提高自来水普及率、水质合格率，确保农村居民喝上安全放心饮用水。

（四）优化产业就业等发展类政策

1. 壮大县域优势产业

抓好产业帮扶措施衔接，做活山田农林水文章，优化产业扶持标准、推进产业扶持政策措施由到村到户为主向到乡到村到户为主转变。采取"宜农则农""宜工则工""宜商则商""长短中"相结合方式，壮大种业、莲业、果蔬、林业、烟叶、旅游、电商等县域特色产业，确保脱贫户和相对贫困家庭稳定增收。

做好金融服务政策衔接，推进实施农业产业保险，为扶持对象发展生产提供保险保障。同时，坚持开展消费扶贫活动，优选县域综合服务能力强的优势电商企业，建设县级扶贫产品（农产品）统购统销平台，做好与央企和省、市属农产品销售平台的对接，全方位推动县内机关和企事业单位在深化消费扶贫上带好头，优先采购脱贫户、相对贫困家庭农产品或县域内与其建立利益联结机制的公司、合作社、家庭农场、致富带头人等经营主体的农产品，促进县域产业生产好产品、打造硬品牌、对接大市场，增强自我发展能力，形成可持续增收长效机制。

2. 推进就业创业增收

促进贫困地区就业是实现脱贫的有效途径。人力资源部门要加强同其他部门合作，充分运用电视、广播等形式向脱贫人口宣传用工服务政策，加强同知名企业的联系，利用互联网信息覆盖面广、信息传播快的优势搭建用工信息平台。加强对脱贫人口专业技能的培训，提升文化素养，培育县域劳务品牌，加大脱贫人口劳务输出力度。充分挖掘本地区的资源优势，加大招商力度，营造宽松的市场环境，吸引外地企业来脱贫地区投资建厂，实施"家门口就业工程"。鼓励脱贫地区发展本地特色经济，对于水土保持、乡村道路建设、林业生态基础设施等涉农项目开展以工代赈方式。

统筹用好卫生保洁、生态管护等公益性岗位，健全按需设岗、以岗聘任、在岗领补、有序退岗的管理机制，推进县域内生产、加工、销售、物流等企业优先聘用扶持对象，让脱贫户和相对贫困家庭就近就地创业就业。继续支持脱贫户"两后生"（初、高中毕业未能继续升学的贫困家庭中的富余劳动力）接受职业教育、落实好脱贫户、相对贫困家庭子女接受大中专职业教育，对在校生给予资助，并为离校未就业的高校毕业生提供就业支持。

3. 探索创新融合试点

坚持"一乡一业"和"一村一品"的特色产业发展路径，拓展延伸"六促三保"内涵，采取量化折股、跨村联建等方式，探索财政奖补资金股权量化、资源变资产、资金变股金、农民变股东的有效方式，每年探索实施一批精准扶贫与乡村振兴相融合的试点项目，完善村级集体股份经济合作社平台建设，健全村级经济发展和农民增收的利益联结机制，提升村级组织服务群众能力。加强村级组织建设，注重典型引领，完善生产奖补、劳务补助、以工代赈等方式激发脱贫对象的信心和发展动力，坚决杜绝"等靠要"思想。

二、健全防止返贫动态监测和帮扶机制

（一）推进动态监测监管

加强相关部门、单位数据共享和对接，健全防止返贫动态监测和帮扶机制，按季度开展国扶系统数据动态管理，对脱贫县、脱贫乡、退出村、脱贫人口各项指标开展监测预警，重点跟踪农民人均可支配收入、村级集体经济收入、脱贫户收入变化情况和"两不愁三保障"及安全饮用水等巩固情况，坚持预防性措施和事后帮扶相结合，对退出村、脱贫户实行分级分类管理，对已脱贫但不稳定对象实行单列管理，分层分类及时纳入帮扶政策范围，实行动态清零。同时，每季度开展农村相对贫困家庭动态管理，落实好产业、就业、教育、医疗、住房等综合性帮扶措施，从解决绝对贫困向解决城乡相对贫困转变，确保每一位群众享受到改革发展的"红利"。

（二）加强日常监督检查

乡镇领导班子和领导干部要深刻领会党中央有关脱贫的系列文件精神，深刻意识到脱贫攻坚战对于国家发展和人民富裕的重要意义，将巩固拓展脱贫工作纳入日常工作体系，将巩固拓展脱贫攻坚成果作为考核乡镇领导班子和领导干部的重要指标，对脱贫攻坚工作中落实不力的领导干部给予相应的处罚，并将考核结果作为干部选拔任用、评先奖优的重要参考。持续深入开展扶贫领域作风和腐败问题专项整治，优先处置、严肃查处扶贫领域作风及腐败问题线索，并在一定范围内通报曝光，努力克服形式主义、官僚主义问题。

完善联合监督检查工作机制，加强常态化督导、及时发现问题，抓好考核考评、巡视巡察、审计、督查检查等发现问题的整改。加强扶贫监督平台管理与应用，做好涉贫舆情处置，及时主动回应社会关切。

三、巩固"两不愁三保障"及饮水安全成果

"两不愁"就是稳定实现农村贫困人口不愁吃、不愁穿；"三保障"就是义务教育有保障、基本医疗有保障、住房安全有保障。两者是农村贫困人口脱贫的基

本要求和核心指标。当前,农村贫困人口不愁吃、不愁穿的问题基本解决了,应着力巩固"三保障"成果。

(一)健全控辍保学工作机制

儿童是祖国的未来,我国实行的是九年义务教育制,即适龄的儿童都拥有上学的权利,有关部门要切实保障脱贫地区适龄儿童的受教育权。健全控辍保学工作机制,凡是身体健康具有学习能力的适龄儿童都要进入学校,确保义务教育阶段的脱贫家庭的适龄儿童都享有受教育的权利,不因家庭原因而失学辍学。教育部门要加强同其他部门的合作,健全政府、社会、学校、家庭位为一体的联控联保责任机制。加大宣传力度,定期组织法律宣讲,健全专项行动机制,每学期结束前或者开学初开展控辍保学专项行动,对于无故辍学的儿童,学校要上门家访、查找原因,借助社区、村委会等组织,帮助学生返学,严防辍学新增。

城镇化进程的加快使得农村人口大量涌入城市,根据有关资料显示,2022年我国共有约6000万名留守儿童,农村留守儿童成为社会关注的热点问题。有关部门要高度重视留守儿童,加强困境儿童的关心关爱工作,关注儿童健康成长,健全依法控辍治理机制,深化教育教学改革,不断提高农村教育教学质量。

(二)完善脱贫人口医疗保障政策

1.建立防范化解因病返贫致贫长效机制

脱贫地区普遍存在着就医难的问题,特别是低收入家庭一旦出现重大疾病就会使本就贫困的家庭更加的雪上加霜。有关部门要对医疗问题给予高度关注,充分发挥社区、村委会等基层单位的力量,依托网格员建设一体化的农村低收入人口监测平台,加大对重大疾病家庭的关注力度,做好因病返贫致贫风险监测,尽早发现因病返贫致贫的家庭,并针对该家庭的具体情况开展针对性帮扶。不同地区的贫困标准是大不相同的,依托互联网构建系统化的信息共享平台,根据年度费用负担情况,明确因病返贫和因病致贫的监测标准。

完善的医疗保障是改善因病致贫返贫家庭经济状况、实现因病致贫返贫家庭脱贫致富的有效途径,基于此,国家要完善医疗保障的相关法律法规,建立健全申请救助机制,将那些因患有重大疾病而产生高额医疗费用的易返贫致贫家庭纳入医疗救助范围,及时关注那些因为医疗费用较高导致家庭生活严重困难的患者和家庭。虽然国家实施了覆盖全国的医疗保障制度，对居民生病住院期间的部分医疗费用给予报销，但是报销的比例是有限的，某些大病即使经医保支付后，个人自付费用对于低收入家庭也是一笔很大的开销。为此，有关部门应当对这部分家庭实施动态监测和救助，对符合规定的个人自付费用酌情减免，防止因病返贫致贫。脱贫攻坚是我国实现全面小康的重要举措，因病致贫返贫是脱贫攻坚路上的巨大阻碍，各统筹区要加强动态监测，发现脱贫家庭中有人患重大疾病要及时上报，提前介入，进而采取针对性的帮扶措施，使巩固脱贫成果落到实处。鼓励社会力量参与减贫机制，鼓励社会资本进入商业保险领域，实现健康保险与医疗的互助发展，引导社会力量参与慈善救助，形成对基本医疗保障的有益补充。

2. 优化调整脱贫人口医疗救助资助参保政策

受多方面因素的影响，不同地区的脱贫人口所面临的实际困难是大不相同的，国家在制订脱贫攻坚政策时要从脱贫人口的实际困难出发，其中因病致贫返贫家庭在全部脱贫家庭中占有很大比重，因此要统筹完善居民医保分类资助参保政策，针对不同家庭的具体情况，合理把握节奏和力度。例如：对经济特别困难的脱贫人员给予全额资助；对经济相对困难但是有一定保障的低保对象按照其生活状况给予定额资助；将那些已经摆脱贫困但是尚不稳定的脱贫人员纳入农村低收入人口监测范围，为了巩固脱贫成果使其彻底脱离贫困可在定额资助政策上给予一定倾斜。不同地区的定额资助标准是有差异的，各省、市要从自身实际出发，制订科学合理的定额资助标准。对于由于各种原因出现的返贫致贫人口，乡村振兴部门要进行深入走访，结合国家的相关政策，在资助参保政策上给予一定的倾斜，让其按规定享受优惠政策。对于已经恢复健康且家庭经济来源稳定的脱贫人口不再纳入农村低收入人口监测范围，也不再享受医疗救助资助参保政策。

3. 分类调整医疗保障扶贫倾斜政策

为了切实保障居民的医疗卫生安全，我国以公平、普惠为基本准则，实行了基本医疗保障制度。基本医保的保障对象是中国范围内的所有居民，面对不断增多的重大疾病，大病保障水平也在逐年提升。虽然基本医保坚持公平的原则，但是对于生活特别困难人员、低保对象实施倾斜支付政策，以保障他们的基本生活。为了减少因病返贫致贫的概率，进一步夯实医疗救助托底保障，对于经济来源尚未稳定的脱贫人员在政策范围内减少自费费用比例。

4.坚决治理医保扶贫领域过度保障政策

我国当前处于社会主义初级阶段，城乡经济发展不均衡，脱贫攻坚、全面实现小康社会是我们面临的重大使命。国家高度重视脱贫攻坚工作，为解决脱贫人员的医疗问题制订了一系列的医保政策，以切实保障脱贫人员的生活。医疗保障政策的制订要从本地的实际出发，坚决防范福利主义，对于超出能力范围内的医保政策坚决予以取消。要根据社会经济发展的状况，对超越发展阶段的过度保障政策予以清理，秉持公平公正的原则，杜绝新增待遇层层加码，确保居民医疗保险统筹区内政策统一，确保政策有效衔接。

5.确保农村低收入人口应保尽保

基本医保关系着每一位居民的切身利益，居民是基本医保的第一责任人。有关部门要高度重视基本医疗的落实工作，通过宣传栏、定期宣讲等形式向农村地区宣传国家基本医保的服务政策，针对不同收入人群，做好分类资助参保工作，特别是更加关注脱贫人口的基本医保问题，及时向脱贫人口宣传基本医保政策，做好他们的参保动员工作。健全农村低收入人口参保台账，核实生活特别困难人员、低保对象的身份信息并将其纳入基本医疗保险覆盖范围，做好返贫致贫人口的动态监测工作，将其纳入资助参保范围。对于家庭生活步入正轨且稳定就业的脱贫人口不再纳入资助参保范围，引导其参加职工基本医疗保险。社会保障部门要加强与其他部门的合作，做好农村低收入人口参保和关系转移续接工作。脱贫人员如因工作、家庭等原因需要转移医疗保险关系以及非个人原因停保断保的，原则上将不再享受基本医疗优惠政策，只有在迁入地核实其身份信息且符合迁入地的医保帮扶标准，才能继续享受基本医疗优惠政策。

（三）保障农村低收入群体的基本住房安全

1.建立农村脱贫人口住房安全动态监测机制

各地住房和城乡建设部门要以党中央有关脱贫攻坚的有关文件精神为指导思想，加强同乡村振兴（扶贫）部门的协作，深入了解农村低收入人群的住房安全，加强同民政部门协调联动，以大数据为依托，构建农村低收入人群住房安全信息监测平台，实现数据互通共享。在全区范围内开展困难群众住房大排查工作，建立健全危房动态监测机制，将农村低收入人群、失独老人等弱势群体作为住房安全重点对象纳入动态监测机制。扎实推进农村危房改造工作，建立工作台账，实行销号制度，改造一处危房，销号一户，确保所有保障对象住房安全。

2. 多种方式保障农村低收入群体的基本住房安全

当前我国农村地区住房改造以农户自筹资金为主要方式，脱贫地区存在着部分由于身体原因失去劳动能力以及因病致贫的低收入群体，居住条件困难，依靠他们自身的力量来改造危房是很困难的，为了保障他们的住房安全，国家采取了在农户自筹资金的基础上，政府予以适当补助的方式。精心组织、对区域范围内的危房进行排查，根据区域经济发展情况制订科学合理的农村危房改造机制，将符合条件的保障对象纳入农村危房改造支持范围，坚持农户自愿的原则，根据房屋危险程度选择不同的方式解决住房安全问题。例如：对于完全不能居住的危房，根据农户的改造意愿，选择拆除重建或选址新建的方式；对于有一定危险但是还能够居住的危房可采取加固改造的方式，以降低成本。脱贫地区多处于自然灾害多发区，经常受地震、泥石流等自然灾害的威胁，住房和城乡建设部门要加大对这些地区危房改造工作的关注力度，定期对实施危房改造的农户进行走访，发现因自然灾害致使改造过的危房再次出现安全隐患时要及时上报，并根据房屋危险程度将其再次纳入支持范围。为了切实保障农村地区的住房安全，我国开展了因灾倒损农房恢复重建工作，对因灾倒损农房的农户在政策许可的范围内给予一定的补助，这些居民能重复享受农村危房改造支持政策。

危房改造工程有赖于基层力量的支持，鼓励各地从本地实际情况出发，因地制宜，经济条件较好的地区通过自筹资金的方式统建农村集体公租房以供暂时失去劳动能力的特殊困难农户周转使用，经济条件一般的地区可对现有闲置公房进行修缮加固以解决特困人员的住房安全问题。村集体要整合农村现有资源，将闲置安全房屋以租赁、置换等方式供符合条件的保障对象使用。近年来，建筑原材料价格逐年上升，农户的建房成本也随之增加，部分地区甚至出现了因建房而返贫致贫的现象，基于此，地方政府要从当地的实际出发，在政策范围内对保障对象进行一定的扶持，如实施租赁补贴、置换补贴等，避免出现农户因建房而返贫致贫的问题。

（四）提升农村供水保障水平

近年来，农村供水工作取得了可喜的成绩，但由于我国国情、水情复杂，区域差异性大，目前农村供水保障水平总体仍处于初级阶段，部分农村地区还存在水源不稳定、农村供水保障水平不高和小型工程运行管护较为薄弱等问题。为此，水利部门要进一步提高思想，认真领会党中央、国务院关于脱贫攻坚的文件精神，将农村饮水安全问题纳入工作规划，常抓不懈，加强同民政部门的协作，深入研究农村供水工作中的不足，以问题为导向，进一步落实农村饮水安全的工作力度，提升农村供水标准和质量。

1. 补齐水源工程短板

农村供水问题同农村居民的生活发展息息相关，水利部门要认真开展农村用水排查工作，在综合考虑村庄与人口变化、供水能力等因素的基础上做好用水供需平衡分析，构建科学性、规范化的农村供水规划。水源问题是农村供水工程需要解决的首要问题，水利部门要统筹推进，对于已经建立水库的村庄，优先利用已建水库为农村供水工程水源。对于尚未建立水库的村庄采取引调其他骨干水源工程中的饮用水来解决水源问题。实践证明，中小型水库是解决农村水源工程短板的有效途径，因此要结合当地地质状况和水文条件，建设一批中小型水库。对于不适宜建设水库且水源不稳定的地区，实施水源调度工程，实现水资源的优化配置。新建供水工程时要综合考虑水源是否稳定，水质是否合适，避免因水源不稳定而出现供水设施闲置的问题。人口分散地区，加强小水源和储水供水设施建设。有些地区的水源受降水的影响较大，有时会出现季节性缺水问题，要制订应急供水措施，提高水源稳定性。

2. 升级改造农村供水设施

鼓励引导有条件的地区，以县域为单元，推进一批规模化供水工程建设，实现城乡供水统筹发展。深入开展老旧供水管网的排查工作，对于年代久远已经无法发挥应用功能的老旧供水管网进行更新，对于虽然老旧但依然可以使用的供水管网和设施予以改造，解决农村供水"卡脖子"和"最后一公里"问题。实施一批小型供水工程标准化建设和改造工程，巩固拓展农村供水成果。

3. 强化水质保障

推进千人以上工程水源保护，万人工程配齐净化消毒设施设备和水质化验室，千人工程配齐消毒设备，百人工程采取适宜消毒措施，优先解决农村供水硝酸盐等毒理学指标超标问题，着力解决微生物超标等共性问题。加强水厂水质自检与行业巡检，强化万人工程卫生学评价，提升水质保障水平。

4. 完善工程管护体制机制

按照谁投资、谁所有的原则，明晰农村供水工程产权，落实工程管护责任主体和经费。健全完善农村集中供水工程合理水价形成和水费计收机制。推行千人以上工程实行企业化经营、专业化管理。有条件的地区成立或依托统一机构，推进全域化统管机制。

四、做好易地扶贫搬迁后续扶持工作

从贫困程度上来说，部分地区生活条件恶劣，交通不便，属于深度贫困地区，为了改善这些地区居民的生活状况，国家开展了安土重迁工程，将原深度贫困的居民移居到生活条件更为便利的地区进行安置，他们迁入的地区被称为大型特大型安置区。有关部门对重易地搬迁后的扶贫工作给予高度关注，不断加大扶持力度，持续做好搬迁人员的就业工作，通过调整产业结构、完善基础设施建设、加强技能培训、开发公益性岗位等措施持续巩固易地搬迁脱贫成果，确保搬迁群众能够有工作，有稳定的经济来源，生活质量不断提升。提升安置区服务管理服务水平，关心每一户搬迁家庭，帮助他们尽快融入。

（一）加大就业帮扶，促进群众稳定就业

进一步落实搬迁群众就业帮扶政策，将搬迁群众就业帮扶工作纳入专项行动，人力资源部门加强同企业的沟通交流，鼓励迁入地企业吸纳就业人员，以市场需求为导向，对搬迁群众开展针对性的就业培训，提升就业竞争力。组织线下招聘会，通过电视、广播等形式向搬迁群众宣传招聘活动；充分利用互联网覆盖面广的优势，组织线上招聘活动，根据搬迁群众的能力和特长，定向推送招聘岗位。有关部门要从当地实际出发，因地制宜实施一批当地重点建设项目，积极动员搬迁群众参与道路、水利等基础设施建设，大力发展人居环境改造、水土保持等以工代赈项目，开发养路、护林等公益岗位，引导搬迁群众就近就业。大型特大型安置区具有人口数量多、结构复杂的特点，为了更好地开展就业帮扶行动，设立就业服务点。认真开展搬迁群众的就业调查工作，对于搬迁群众的就业问题要建立工作台账，通过电话、上门走访等方式了解搬迁群众的就业状况及就业需求，做好跟踪服务，切实保障搬迁群众的劳动权益，确保每一个身体健康有劳动能力

的搬迁已脱贫家庭实现至少一人稳定就业。

（二）着力发展产业，拓宽群众增收渠道

迁入地政府和有关部门要加大对搬迁安置区的资金扶持力度，通过减免税收等形式，鼓励社会资本进入搬迁安置区产业园区（项目）建设领域，推动安置区大力发展物流配送等配套产业。乡村振兴部门要加强同人社局、财政局等部门的协作，充分发挥乡镇组织、村委会等基层组织的力量，支持安置区建设产业公共服务平台。深化经济体制改革，营造宽松平等的市场氛围，优化产业结构，鼓励发达地区纺织、服装等劳动密集型产业向迁入地转移。因地制宜发展农产品加工产业，加强技术服务和指导，强化品牌建设，培养绿色、有机农产品。完善利益联结机制，加强督导，对通过市场难以就业的脱贫人员开发公益性岗位，促进脱贫人口就业率，实现持续稳定增收。

（三）健全基层组织，提升社区治理水平

不同安置区在人口规模、人口结构等方面有着显著差异，乡村振兴部门在开展易地扶贫工作时要结合安置区的人口规模，制订相应的扶贫政策。当安置区人口规模在一千人以下时，成立新的居民小组，在搬迁群众中选拔有威望的村民担任组长和骨干成员，将搬迁群众纳入当地村（社区）管理。当安置区人口规模达到千人以上、不满万人时，可结合实际设立一个或多个社区居民委员会，纳入乡镇（街道）管理。当安置区人口规模达到万人及以上时，对当地的区位进行重新规划，或者适当调整周边象征区域规划，或者经省政府批准，设立新的乡镇或街道。

（四）加快复垦复绿，增强还款保障能力

生态保护问题是全球关注的热点问题，面对水土流失、生态失衡等不利局面，我国实施了复垦复绿工作，县级人民政府肩负着维持生态平衡，恢复绿水青山的重任。作为复垦复绿工作的责任主体，县级人民要将经济发展与生态保护有机的结合起来，对于群众已经搬离的旧村址土地，因地制宜采取整理、复垦、复绿等方式，使复垦复绿工作落到实处。县级人民政府要统筹推进，精心组织，在搬迁群众搬离旧村后，及时开展旧村址拆除工作，坚持优先复垦为土地的原则，加快

推进节余指标流转，保障易地扶贫搬迁贷款按规定偿还到位。

（五）加快产权办理，保障搬迁群众权益

进入安置区后的住房问题是搬迁群众关注的重点问题，安置住房土地性质不同、取得方式不同、安置方式不同，不动产登记的方式也各不相同，有关部门要认真落实国家有关要求，依法依规办理不动产登记。建立健全不动产登记申请机制，当搬迁群众进入安置区后，县级易地扶贫搬迁主管部门要加强同建设单位、乡（镇、街道）等基层组织的协作，在乡（镇、街道）等基层单位统计好需要进行不动产登记的搬迁群众，上报给建设单位或县级易地扶贫搬迁主管部门，由他们统一向登记机构提出登记申请，统一组织填写不动产登记申请书，由登记机构一次受理，集中办理，这样一方面节约了搬迁群众的时间，另一方面也加快了不动产登记机构的办事效率。普通居民在办理不动产登记时，需要收取一定的不动产登记费，而搬迁群众在为保障性住房办理产权登记时，则不需要缴纳任何费用。

（六）完善配套设施，提升服务保障水平

配套设施的建设要遵循"规模适宜、功能齐全、经济安全、环境整洁"的原则，完善基础设施建设，做好安置区内水利管道建设，架设电力线路，铺设燃气管道，做好垃圾和污水处理工作，加快网络建设步伐，完善通信网络建设。认真开展安置区内公共服务设施摸排工作，以满足搬迁群众的生活、教育、就医等需要为出发点，整合迁入地原有资源，合理规划配套公共服务设施，建设满足搬迁群众需要的医院、学校、商业网点。户口迁移、子女入学等是搬迁群众较为关心的问题，因此要做好搬迁群众的户口迁移和子女入学工作，解决搬迁群众的后顾之忧。

（七）坚持分类施策，防止返贫致贫

有关部门要对搬迁人员进入安置区后的生活给予高度关注，避免因搬迁群众因病返贫、建房返贫，充分发挥乡（镇）街道、村委会、居委会等基层组织的力量，建立健全防止返贫逐级监测机制，对于因种种原因再次返贫的搬迁人员开展帮扶工作。建立动态监测机制，加强对因身体原因失去劳动能力的患有重大疾病者、重度残疾人等特殊群体的监测，加强对年龄尚小的留守儿童以及年龄过大的

困难老人等群体的监测。做好监测对象的摸排工作，通过乡村干部走访、农户主动申报等方式，切实了解到监测对象面临的困难，采取针对性措施，及时予以帮扶。加强监测对象帮扶，对于已经摆脱贫困但是生活尚不稳定的脱贫人员继续落实现有脱贫攻坚帮扶政策，使其经济生活平稳增长；加强对于已经摆脱贫困但是可能会因种种不利因素再次返贫的边缘易致贫户的动态监测，当边缘易致贫户财产性收入大幅度降低时，要及时进行跟进，了解其生活遇到的问题，通过给予扶贫小额信贷支持、加强技能培训等形式帮助他们渡过难关；对于因为身体原因失去劳动能力的监测对象，开发公益性岗位安排就业，进一步强化社会保障措施，确保应保尽保。各市县政府要鼓励社会资本进入脱贫攻坚领域，设立慈善基金和社会帮扶资金，为监测对象购买防贫保险，当脱贫人民生产生活遇到风险时，及时介入，精准帮扶。

五、加强扶贫项目资产管理和监督

脱贫攻坚取得丰硕的成果离不开扶贫资产的支持。所谓扶贫资产指的是国家为有效开展脱贫攻坚工作而拨出的专项资金，不仅包括使用财政专项扶贫资金、统筹整合财政资金、用于扶贫攻坚的地方政府债务资金、金融扶贫资金、易地扶贫搬迁资金、社会帮扶资金等金融资产，还包括扶贫领域形成的基础设施、产业项目（资产收益）以及易地扶贫搬迁类资产等非金融资产。扶贫资产并没有一个统一的部门来进行集中规划和分配，而是分散在各部门、各镇村中。有关资料显示，扶贫资产利用的过程中存在着管理混乱的现象，有些部门将重点扶贫资产聚焦在脱贫地区的基础设施建设中，忽视了后期的维修保养工作。尽管我国的脱贫攻坚工作取得了显著的成效，但是距离实现乡村振兴和村民富裕还有一定距离，在巩固脱贫攻坚与乡村振兴衔接的过渡期，扶贫资产的管理是社会各界关心的热点问题。为了使扶贫资产发挥最大的功效，应建立完善的扶贫资产管理机制，避免扶贫资产闲置、流失等现象。

（一）摸清资产底数，明确资产权属

建立健全扶贫资产管理机制，选拔经济学者、扶贫工作专家等建立扶贫资产清查小组，对各类扶贫资产彻底清查，制订科学合理的扶贫投入形成资产指标，

界定资产范围、类型，明确资金来源，明晰扶贫投入形成的收益所有权的归属。对于资产明细进行详细登记，如按照资金的来源、按照年度收益等，全面建立扶贫资产动态监管台账，确保各级各类扶贫项目投入形成的资产产权清晰，责任明确。

（二）统筹管理职能，明确管理部门

我国地大物博，改革开放以后，国民经济迅猛发展，但是偏远山区、革命老区等经济发展不容乐观，为了帮助偏远山区、革命老区摆脱贫困，党中央提出了脱贫攻坚的伟大号召。脱贫攻坚不仅关系着偏远山区和革命老区的经济发展，而且关系着全社会的和谐稳定。各级党委政府响应党中央的号召，将脱贫攻坚当作头等大事来抓。我国高度重视脱贫攻坚工作，成立了涉及中央、省、市、县、乡、村在内的六级扶贫体系，各级政府纷纷成立扶贫工作领导小组，由省领导、市领导担任组长，选拔经济专家和各级骨干担任组员。

当前，各级省政府成立扶贫局，县级政府成立扶贫办，其中扶贫局和扶贫办在扶贫中处于主导地位。各级政府的扶贫部门负有支配和管理扶贫资产的职能，统一规划统筹扶贫工作中的人财物。各级政府要完善相关法律法规，明确扶贫部门的职责，加强对扶贫资产的监督管理。

（三）健全资产报告制度，明确权利义务关系

对于扶贫资产，我国有着如下规定：各级政府要在制订财政预算时明确扶贫资产的项目，由财政部门拨出财政资金用以开展扶贫攻坚，专款专用，县级扶贫作为扶贫资产使用的责任主体，定期向县政府汇报资产使用情况。乡、村两级建立扶贫资产管理台账，对于扶贫资产的使用负有管理和监督的职责，当发现扶贫资产出现违规使用的情况时，及时向有关部门上报，确保将各级财政投入形成的扶贫资产列入政府资产监管范围。

扶贫资产不仅包括金融资产，还包括各类实物资产，这些资产有的是社会资金进入扶贫攻坚领域投入的产业，有的是其他项目形成的资本和各类实物资产，对于这些资产要明晰产权，确定各方的职责，通过资金投入主体与项目承接平台签订协议，或者用公司章程等法律形式明确权利义务关系，保障市场主体投资利益回报。扶贫资产原则上属于国有资产和农村集体资产，当扶贫资产达到一定年

限需要维修保养时，由相关部门对扶贫资产进行资产评估并依法依规采取置换、报损、报废等处置方式并履行相应的报批手续。

（四）加强后续管理维护，明确各环节责任

建立健全相关资产后续管护制度，遵循所有权与监管权相统一的原则，由扶贫资产的所有权者承担管护职责，明确扶贫资产保管者、使用者以及维护者各方的职责，完善相关资产的运行管理和处置管理机制。

扶贫资产由两部分组成，一是各级财政投入形成的资产，县级扶贫办负有管理和维护的职责，将维护和支出列入年度经费预算，建立健全扶贫资产管理维护制度，明晰扶贫部门的责任，明确经费保障来源；二是社会帮扶单位形成的资产，县级扶贫部门要加强同产权单位、管理使用者等的沟通交流，以协议的形式确定三方的责任，其中社会单位作为产权单位对于扶贫资产具有转让、拍卖等权利，管理使用者作为扶贫资产的直接使用者负有日常管理和维修的职责，通过明晰各方的权利义务，确保扶贫投入形成的资产管理规范。

（五）盘活用好扶贫资产，明确资产收益分配

扶贫资产运营情况的好坏直接关系着扶贫收益的高低，为了使扶贫资产取得良好的收益，要进一步完善扶贫资产运营制度。扶贫资产运营的过程中要以市场为导向，深入挖掘市场需求，积极对接相关经营主体，借鉴其他国家和地区的扶贫成功经验，汲取先进的管理理念，鼓励社会力量的参与，通过股份合作、业务托管、合作经营等方式，提升资产运营管理水平，确保扶贫资产安全有效运行、保值增值。

扶贫资产的直接获益者为村民，因此在分配扶贫资产收益时要综合考虑村民的利益，由村集体研究后得出合理的分配方案，上报给乡政府、县政府，经村、乡、县三级审核通过后实施。扶贫资产收益在分配时坚持公正公开、扶植弱小的原则，集中帮扶因身体原因失去劳动能力的老弱病残等贫困人口，如果扶贫资产的收益尚有结余还可用于发展壮大村集体经济及公益事业等。

第二节　做好脱贫地区有效衔接的工作

一、支持脱贫地区乡村特色产业发展壮大

发展产业是实现脱贫的根本之策，产业兴旺是乡村振兴的物质基础。实现巩固拓展脱贫攻坚成果同乡村振兴有效衔接，发展壮大乡村特色产业至关重要。

（一）尊重市场规律和产业发展规律

近年来，我国社会主义市场经济体制不断深化，市场在国民经济中的作用日益凸显发展脱贫地区产业也应当以市场为导向，尊重市场规律，站在区域经济协调发展的高度，合理规划产业布局，调整产业结构，实现经济结构的转型升级。

1. 立足当地实际，理性发展产业

产业是脱贫的基石。脱贫攻坚时期，由于自然条件差，贫困地区发展产业的难度很大。因此，贫困地区想方设法发展产业。在具体实施中，有些想法成功了，有些想法失败了。总结原因，成功的想法大都切合当地实际，失败的想法大都脱离实际，其中有一些想法盲目"赶时髦"，导致产业昙花一现，打了水漂。同样，在巩固提升期脱贫地区也不能盲目"抢风口"，而是要立足当地实际，理性发展产业。

2. 聚焦主导产业，持续集中发力

目前，经过不断探索，贫困地区普遍找到并形成了主导产业，在脱贫攻坚中发挥了关键作用。可以说，这些产业都是经过市场考验的好产业，有些产业甚至成为产品畅销全国的优势特色产业。进入巩固提升期，脱贫地区要着眼于消费者需求提升产业质量，条件允许的地方要继续扩大产业规模，强化科技应用，让优势更优、特色更特、品牌更响、产业链更长，从而让群众收入有稳定保障。

3. 未雨绸缪，建设好接续产业

贫困地区自然条件差，脱贫攻坚时期，在现代科技的助力下，一些条件得到很大改善，但气候、土壤、水资源等条件难以得到根本性改变。进入巩固提升期，不能竭泽而渔，要对一些产业进行相应调整，如实行轮耕轮牧，让土地得到休息，找准接续产业，实现可持续发展，从而持续不断提高群众收入。例如，宁夏中卫

香山硒砂瓜是中国驰名商标，让香山地区数万人顺利脱贫。由于该地区生态承载能力有限，近年来中卫市未雨绸缪，探索接续产业。2021年中卫市压缩硒砂瓜种植规模，在该地区种植了5 000亩富硒黑小麦，休耕轮作，力争实现"老产业缩规提质，新产业接续增收"。

（二）发展壮大产业

1. 充分体现地方特色

发展壮大产业，要懂地气、接地气。比如，以脱贫县为单位规划发展乡村特色产业、实施特色种养业提升行动，有利于产业后期发展培育。

2. 构建发展壮大产业的良好环境

加快脱贫地区农产品和食品仓储保鲜、冷链物流设施建设，因地制宜发展农村特色产业和农产品加工业，支持农产品流通企业、电商、批发市场与区域特色产业精准对接。现代农业产业园、科技园、产业融合发展示范园继续优先支持脱贫县。

中国要强，农业必须强；中国要富，农民必须富；中国要美，农村必须美。[①]改革开放以来，我国经济建设取得了突飞猛进的成就，但是也产生了区域经济发展不平衡、城乡差距扩大等问题。我国是一个农业大国，根据2020年第七次全国人口普查公布数据，我国居住在乡村的人口为50999万人，农业发展和农民增收是我国社会各界关注的热点问题。党中央高度重视贫困地区的脱贫攻坚工作，在党中央的号召下，贫困地区因地制宜发展特色农业，许多贫困乡村实现了特色产业"从无到有"的历史跨越。有关资料显示，我国的脱贫攻坚工作已经取得了显著的成效，原来以农业为主、经济基础薄弱的贫困县都形成了2~3个扶贫主导产业。2021年，各地结合当地产业特点，依托龙头企业带动，加大特色农作物的种植面积，推进三产融合发展，加快建设特色产业强镇。例如：海南省以生态优先、绿色发展为导向，深入挖掘市场需求，实施规模化种植，强化农村品牌建设，充分发挥旅游资源优势，推动农旅、农商融合，提高农业质量效益，促进农民增收；云南省依托热带资源丰富的优势，制订系统化、规范化的乡村发展战略，大力发展优势产业和支柱产业，建设现代农业产业强镇，发展绿色、有机农业，加强农业技术指导，发展林下经济；贵州省优化产业布局，加快发展乡村产业，

---

① 刘艳梅. 中国农村改革40年 [M]. 石家庄：河北人民出版社，2019.

深化经济体制改革，加强同科研院所合作，大力培育省级以上农业龙头企业，大力发展农产品加工业，利用大数据、云计算等先进科技，进一步提高生产效率和产品品质，建立产业数字化平台，实施农产品品牌培育行动，发展农村电商、冷链物流。

又如，吉林省作为农业大省，农业资源丰富，提出了立足当地农业资源优势，大力发展玉米、水稻、食用菌等特色农业，将农业发展纳入国民经济发展规划，着力打造农产品产业集群，推进全产业链发展。在产粮大县实施规模化种植，引进先进种植技术，大力发展农产品加工业，提高农产品附加值，加大对农业的扶持力度，积极动员农民就近就业。调整产业结构，优化市场环境，实施重大项目引进行动，构建农产品信息平台，定向推荐农产品信息，构建配套设施完善的加工园区。创新合作方式，坚持品牌强农战略，大力培育享誉全国的"吉字号"产品品牌。抓住文旅融合的机遇，推广乡村旅游，打造特色冰雪休闲小镇。

（三）加快推动农业品牌建设

品牌化是农业现代化的重要标志。近年来，在社会各方的大力帮扶下，贫困地区优势特色产业迅猛发展，质量不断提升，诞生了一大批农业品牌，有的甚至成为金字招牌。这些品牌畅销区域乃至全国市场，在脱贫攻坚中发挥了强劲的带动作用。在巩固拓展脱贫攻坚成果和乡村振兴的衔接期，应重点支持脱贫地区培育绿色食品、有机农产品、地理标志农产品，加快推动农业品牌建设。

1. 坚持培优品种，打造优质品牌

农业现代化，种子是基础；打造农业品牌，同样必须依靠科技力量，加强农业种质资源保护开发利用，发掘优异种质资源，提纯复壮特色品种，尊重科学、严格监管，有序推进生物育种产业化应用，为打造农业品牌奠定基础。

实践证明，特色农业的发展壮大离不开先进科学技术的支撑，加强同农业科研所的合作，持续优化种植技术，筹建国家重点实验室，加强农产品质量监管，提升农产品品质。良好的品质是农产品占据市场优势地位的最主要手段，只有不断提升农产品品质，提升消费者的满意度，才能为品牌打造提供"硬核"产品，使品牌更具有市场竞争力和影响力。

2. 把好质量关，保护好品牌

品牌是产品的标签和质量保证，优秀品牌在市场上有很高的认可度，卖得好、

价格高，脱贫产品也不例外。因此，一定要保护好已形成的品牌。要在产业规模上保持适度，关键在提升产品质量上下功夫。可以说，守好脱贫产业已形成的优秀品牌，实现优质优价，就能实现产业的可持续发展和农民增收的连贯性，进而巩固脱贫成果。

3. 学习新技术，打好升级牌

农业的出路在现代化，科技在脱贫攻坚中发挥了极为关键的作用。进入巩固提升期，更要注意学习新技术，不断对脱贫产业进行升级，以保持产业的鲜明特色和比较优势，不断提高质量和效益。例如，在宁夏盐池县，前两年脱贫后继续加大对滩羊产业的改进，联合科研院所制订盐池滩羊商品羊判定标准，加强对养殖户的技术指导，定期向养殖户宣传专业饲养知识，推广精细化饲养，建设养殖示范园区，使养殖户的养殖成本大幅度下降，增加了效益。

总之，品牌建设对于提升农产品质量有着积极意义，品牌战略的实施不仅可以推动乡村产业的发展，还可以促进县域经济的持续稳定增长。必须加快推动农业质量变革、效率变革、动力变革，引领品牌农业发展阔步前进，让农业加快从"卖产品"转向"卖品牌"，推动农业转型升级、提质增效。

（四）大力实施消费帮扶

消费帮扶包含两方面的内容，一是乡村的蓬勃发展，二是市场的需求。只有以市场为导向，尊重市场运营的规律，通过政策支持等形式鼓励社会力量参与到乡村振兴中，充分发挥社会力量在乡村振兴中资源广泛的优势，凝聚社会力量，助力乡村振兴；同时大力培育乡村特色产业，找到消费帮扶的利益连接点，拓宽销售渠道。随着我国经济持续健康发展，居民的生活质量日益提升，消费升级态势愈发明显，广大消费者对于农产品的质量提出了更高的要求，绿色有机的高质量农产品不仅有助于提高农民收入，而且可以满足消费者的需求，而高质量农产品的培育和推广是一项艰巨复杂的任务，既需要政府发挥主导作用，又需要市场的调节，只有政府和市场两只手协同发力，才能实现农产品质量越高，市场知名度越高，销量越好，农民收入也就越高的良性循环。

1. 要在共赢中谋求长远

按照市场经济原则，消费帮扶的顺畅运行有赖于买方和卖方在交换的过程中都能获得相应的经济利益，互利互惠。只有买卖双方达到双赢的目的，消费帮扶才能可持续发展，进而促使消费潜力向乡村振兴的方向发展，为乡村振兴提供动力支持。东西部经济发展不均衡已然成为制约我国经济快速发展的不利因素，新形势下，深化东西协作不仅有助于加快西部振兴和发展的进程，实现区域协调发展，还为东部地区的高质量发展提供了更广阔的空间，对于东部地区调整产业结构、优化产业布局有着积极意义，因此需要进一步深化东西部协作，扩大定点帮扶工作的范围。乡村振兴的实现离不开社会参与，依托西部地区自然风光优美、人文景观奇特的优势，大力发展旅游、文化等产业。针对西部地区经济基础薄弱、基础设施落后等缺陷，引导有实力的企业到西部开展产业合作，优化配置，实现人流、资金流的互联互通。创新产业协作模式，对于有意愿外出务工的脱贫人口推荐对口企业，加强民间人文交流。密切关注种植技术、营销推广等方面的不足，做大做强乡村地区产业。

始终坚持诚实守信的原则，重视农产品的品质，将品质放在第一位，使特色产品做到绿色安全。发展乡村文化旅游时要深入挖掘文化底蕴，研发文创产品，提高乡村旅游的文化价值，同时还要坚持诚实经营，不欺客、不宰客，树立良好口碑，吸引更多的消费者前来观光旅游，形成多方共赢的良好态势。

2. 要注重发挥制度优势

充分发挥基层党组织的力量，动员老党员、预备党员及入党积极分子对本地特色产业进行宣传推介。借助电商平台、网络直播高效宣传精准对接的优势，构建"线上＋线下"营销体系，拉动产品销量，选定有实力、有影响力的企业建立帮扶专柜，畅通供需渠道，构建深度融合的消费帮扶体系，提高产业品牌的知晓率。举办特色农产品展销会，加强同知名农产品平台交流合作。支持社会组织参与消费帮扶，进一步激发全社会参与消费帮扶的热情。汲取前期脱贫攻坚的宝贵经验，以市场为导向，深入挖掘消费者需求，改善农产品结构，培育特色产业。

3. 要牢固树立品牌意识

影响我国农业高质量发展的因素是多方面的，其中品牌意识薄弱是制约农产品质量提升的重要因素。有关研究表明，品牌农业的发展对于农业转型升级、乡村振兴战略的顺利实施有着积极意义。各级政府要借鉴品牌农业建设先进区的成功经验，结合本地农产品特色，编制系统性、规范性的品牌农业发展规划。完善品牌农业政策支持体系，制订农业地方标准，加快农产品标准化体系建设，培养农业标准化示范户，严把质量关，推进农产品质量安全建设，加大科技创新，加强农产品监测力度，运用"互联网+"、大数据等新一代信息技术，提升质量在线监测能力。加强农业与旅游产业的深度融合，开发农业观光体验游，提升品牌效益。健全品牌法治保障，严厉打击假冒伪劣、损害品牌形象的行为。

二、促进脱贫人口稳定就业

就业是最大的民生，是贫困人口摆脱贫困最直接、最有效、最可持续的办法，是巩固脱贫攻坚成果的基本措施。因此，要努力为贫困人口提供稳定就业机会，帮助贫困人口摆脱贫困、实现自我价值、创造社会价值，确保完成决战决胜脱贫攻坚目标任务，全面建成小康社会。2021年5月，人力资源社会保障部等五部门印发《关于切实加强就业帮扶巩固拓展脱贫攻坚成果助力乡村振兴的指导意见》，为促进脱贫人口稳定就业提出了路径和思路。

（一）稳定外出务工规模

1. 推进劳务输出

实践证明，劳务输出是引导脱贫地区和脱贫人口的有效途径，有关部门对脱贫人口的劳务输出问题给予高度重视，加强与有实力企业的合作，建设就业帮扶基地和就业帮扶车间，加强与东部发达地区的合作交流，完善劳务输出机制，将有意愿外出务工的脱贫人口作为优先保障对象，加强技术培训，为他们外出务工提供便利出行服务。

2. 促进稳定就业

各级政府要将就业问题当作第一民生，指导企业与脱贫人口依法签订并履行劳动合同，保障脱贫人口的合法权益，落实失业保险稳岗返还、培训补贴等政策，引导支持优先留用脱贫人口。对符合条件的吸纳脱贫人口就业的企业，按规定落实社会保险补贴、创业担保贷款及贴息等政策。对失业脱贫人口优先提供转岗服务，帮助他们尽快在当地实现再就业。

3. 强化劳务协作

充分发挥对口帮扶机制作用，搭建完善用工信息对接平台、推广使用就业帮扶直通车，建立常态化的跨区域岗位信息共享和发布机制。输出地要形成本地区就业需求清单，做好有组织输出工作，在外出较集中地区设立劳务工作站，同步加强省内劳务协作。输入地要形成本地区岗位供给清单，吸纳更多农村低收入人口到本地就业。对吸纳对口帮扶地区脱贫人口就业成效明显的企业，可通过东西部协作机制安排的资金给予支持。

（二）支持就地就近就业

1. 支持产业发展促进就业

支持脱贫地区大力发展县域经济、建设一批卫星城镇，发展一批当地优势特色产业项目，提高就业承载力。依托乡村特色优势资源，发展壮大乡村特色产业，打造农业全产业链，鼓励发展家庭农场、农民专业合作社，增加就业岗位。

2. 发展就业帮扶车间等就业载体

继续发挥就业帮扶车间、社区工厂、卫星工厂等就业载体作用，在脱贫地区创造更多就地就近就业机会。拓展丰富载体功能，打造集工作车间、公共就业服务中心、公共活动场所等功能为一体的综合性服务机构。

延续支持就业帮扶车间等各类就业载体的费用减免以及地方实施的各项优惠政策。对企业、就业帮扶车间等各类生产经营主体吸纳脱贫人口（已享受过以工代训职业培训补贴政策的人员除外）就业并开展以工代训的，根据吸纳人数给予最长不超过 6 个月的职业培训补贴，政策执行时间至 2021 年底。

3. 鼓励返乡入乡创业

引导农民工等人员返乡入乡创业、乡村能人就地创业，帮助有条件的脱贫人口自主创业，按规定落实税费减免、场地安排、创业担保贷款及贴息、一次性创业补贴和创业培训等政策支持。加强返乡创业载体建设，充分利用现有园区等资源在脱贫地区建设一批返乡入乡创业园、创业孵化基地，有条件的地方可根据入驻实体数量、孵化效果和带动就业成效给予创业孵化基地奖补。支持各地设立一批特色鲜明、带动就业作用明显的非遗扶贫就业工坊。

（三）健全就业帮扶长效机制

1. 优化提升就业服务

依托全国扶贫开发信息系统对脱贫人口、农村低收入人口、易地扶贫搬迁群众等重点人群就业状态分类实施动态监测，加强大数据比对分析和部门信息共享，完善基层主动发现预警机制，对就业转失业的及时提供职业指导、职业介绍等服务。

动态调整就业困难人员认定标准，将符合条件的脱贫人口、农村低收入人口纳入就业援助对象范围。推进公共就业服务向乡村地区延伸，把就业服务功能作为村级综合服务设施建设工程重要内容，将公共就业服务纳入政府购买服务指导性目录，支持经营性人力资源服务机构、社会组织提供专业化服务。扩大失业保险保障范围，支持脱贫人口、农村低收入人口更好就业创业。

2. 精准实施技能提升

实施欠发达地区劳动力职业技能提升工程，加大脱贫人口、农村低收入人口职业技能培训力度，在培训期间按规定给予生活费补贴。支持脱贫地区、乡村振兴重点帮扶县建设一批培训基地和技工院校。继续实施"雨露计划"，按规定给予相应补助。

扩大技工院校招生和职业培训规模，支持脱贫户、农村低收入人口所在家庭"两后生"就读技工院校，按规定享受国家免学费和奖助学金政策。定期举办全国乡村振兴技能大赛，打造一批靠技能就业、靠就业致富的先进典型，激发劳动致富内生动力。

三、持续改善脱贫地区基础设施条件

（一）改善农村人居环境

按照实施乡村建设行动统一部署，支持脱贫地区因地制宜推进农村厕所革命、生活垃圾和污水治理、村容村貌提升。

分类有序推进农村厕所革命，加快研发干旱、寒冷地区卫生厕所适用技术和产品，加强中西部地区农村户用厕所改造。统筹农村改厕和污水、黑臭水体治理，因地制宜建设污水处理设施。

健全农村生活垃圾收运处置体系，推进源头分类减量、资源化处理利用，建设一批有机废弃物综合处置利用设施。健全农村人居环境设施管护机制。有条件的地区推广城乡环卫一体化第三方治理。深入推进村庄清洁和绿化行动。开展美丽宜居村庄和美丽庭院示范创建活动。

（二）改善交通物流设施条件

推进脱贫县"四好农村路"建设，推动交通项目更多向进村入户倾斜，因地制宜推进较大人口规模自然村（组）通硬化路，加强通村公路和村内主干道连接，加大农村产业路、旅游路建设力度。深化农村公路管理养护体制改革，健全管理养护长效机制、完善安全防护设施，保障农村地区基本出行条件。

（三）建好电力基础设施

电力供应是改善农民生产生活、助推农业农村发展、加快实现农村现代化的重要保障。在巩固脱贫攻坚成果与乡村振兴衔接的过渡期，应支持脱贫地区电网建设和乡村电气化提升工程实施。

在推动电网智能化转型发展方面，加强电网标准化建设，推动网架结构和装备水平升级，提升供电可靠性；在促进农村能源清洁生产方面，助推当地政府合理制订本区域分布式能源发展规划、支持农村地区分布式光伏、分散式风电、生物质发电等新能源发展，积极助力农村地区节能减排。

四、提升脱贫地区公共服务水平

（一）全面提升农村教育水平

1. 改善义务教育办学条件

继续实施义务教育薄弱环节改善与能力提升工程，聚焦乡村振兴和新型城镇化，有序增加城镇学位供给，补齐基本办学条件短板，提升学校办学能力。加强边境地区学校建设。做好易地扶贫搬迁后续扶持工作，完善教育配套设施，保障适龄儿童少年义务教育就近入学。统筹义务教育学校布局结构调整工作，坚持因地制宜、实事求是，规模适度，有利于保障教育质量，促进学校布局建设与人口流动趋势相协调。支持设置乡镇寄宿制学校，保留并办好必要的乡村小规模学校。

2. 加大脱贫地区职业教育支持力度

加强脱贫地区职业院校（含技工院校）基础能力建设，支持建好办好中等职业学校，作为人力资源开发、农村劳动力转移培训、技术培训与推广、巩固拓展脱贫攻坚成果和高中阶段教育普及的重要基地。对于未设中等职业学校的乡村振兴重点帮扶县，因地制宜地通过新建中等职业学校、就近异地就读、普教开设职教班、东西协作招生等多种措施，满足适龄人口和劳动力接受职业教育和培训的需求。加强"双师型"教师队伍建设，结合当地经济社会发展需求，科学设置职业教育专业，提升服务能力和水平。推动职业院校发挥培训职能，与行业企业等开展合作，丰富培训资源和手段，广泛开展面向三农、乡村振兴的职业技能培训。

3. 加强乡村教师队伍建设

落实《教育部等六部门关于加强新时代乡村教师队伍建设的意见》（教师〔2020〕5号），继续实施农村义务教育阶段学校教师特设岗位计划、中小学幼儿园教师国家级培训计划、乡村教师生活补助政策，优先满足脱贫地区对高素质教师的补充需求，提高乡村教师队伍整体素质。

在脱贫地区增加公费师范生培养供给，推进义务教育教师县管校聘改革，加强城乡教师合理流动和对口支援、鼓励乡村教师提高学历层次。启动实施中西部欠发达地区优秀教师定向培养计划，组织部属师范大学和省属师范院校，定向培养一批优秀师资。

（二）改善医疗卫生基础条件

1. 提升农村地区经办管理服务能力

构建全国统一的医疗保障经办管理体系，重点加强农村地区医保经办能力建设，大力推进服务下沉。全面实现参保人员市（地）统筹区内基本医疗保险、大病保险、医疗救助"一站式"服务。基本实现异地就医备案线上办理，稳步推进门诊费用跨省直接结算工作。

2. 综合施措合力降低看病就医成本

推动药品招标采购工作制度化、常态化，确保国家组织高值医用耗材集中采购落地。动态调整医保药品目录，建立医保医用耗材准入制度。创新完善医保协议管理、持续推进支付方式改革，配合卫生健康部门规范诊疗管理。有条件的地区可按协议约定向医疗机构预付部分医保资金，缓解其资金运行压力。强化医疗服务质量管理，优先选择基本医保目录内安全有效、经济适宜的诊疗技术和药品、耗材，严格控制不合理医疗费用发生。

3. 引导实施合理诊疗促进有序就医

继续保持基金监管高压态势，建立和完善医保智能监管子系统，完善举报奖励机制，切实压实市县监管责任，加大对诱导住院、虚假医疗、挂床住院等行为的打击力度。规范医疗服务行为，引导居民有序合理就医。全面落实异地就医管理责任，优化异地就医结算管理服务。建立健全医保基金监督检查、信用管理、综合监管等制度，推动建立跨区域医保管理协作协查机制。

第三节　健全农村低收入人口常态化帮扶机制

一、加强农村低收入人口监测

（一）建设低收入人口动态监测信息库

在监测范围上，以现有社会保障体系为基础，全面开展低收入家庭认定工作，以农村低保对象、农村特困人员、农村易返贫致贫人口，以及因病因灾因意外事故等刚性支出较大或收入大幅缩减导致基本生活出现严重困难人口为重点，建立动态更新的低收入人口信息库，加强监测预警，就是要在茫茫人海中把困难群众精准地找出来，根据其困难情况，针对性地给予相应帮扶和救助。

（二）完善低收入人口监测预警工作机制

在完善工作机制上，要健全多部门信息共享、协同联动的风险预警、研判和处置机制、实现对低收入人口的信息汇聚、监测预警、精准救助；强化"大数据＋网格化＋铁脚板"机制在社会救助领域的运用，做到早发现、早介入、早救助。同时，根据各地具体实际，不断完善农村低收入人口定期核查和动态调整机制。

二、构建社会救助新格局

（一）建立健全分层分类的社会救助体系

1.构建综合救助格局

以增强社会救助及时性、有效性为目标，加快构建政府主导、社会参与、制度健全、政策衔接、兜底有力的综合救助格局。以基本生活救助、专项社会救助、急难社会救助为主体、社会力量参与为补充，建立健全分层分类的救助制度体系。完善体制机制，运用现代信息技术推进救助信息聚合、救助资源统筹、救助效率提升，实现精准救助、高效救助、温暖救助、智慧救助。

2. 打造多层次救助体系

一是完善最低生活保障制度，科学认定农村低保对象，提高政策精准性；二是调整优化针对原建档立卡贫困户的低保"单人户"政策；三是完善低保家庭收入财产认定方法；四是健全低保标准制订和动态调整机制；五是加大低保标准制订省级统筹力度；六是鼓励有劳动能力的农村低保对象参与就业，在计算家庭收入时扣减必要的就业成本。

3. 创新社会救助方式

积极发展服务类社会救助，形成"物质＋服务"的救助方式。探索通过政府购买服务对社会救助家庭中生活不能自理的老年人、未成年人、残疾人等提供必要的访视、照料服务。加强专业社会工作服务，帮助救助对象构建家庭和社会支持网络。完善对重度残疾人、重病患者以及老年人、未成年人等特殊困难群体的救助政策、依据困难类型、困难程度实施类别化、差异化救助。

（二）夯实基本生活救助

1. 完善基本生活救助制度

规范完善最低生活保障制度，分档或根据家庭成员人均收入与低保标准的实际差额发放低保金。对不符合低保条件的低收入家庭中的重度残疾人、重病患者等完全丧失劳动能力和部分丧失劳动能力且无法依靠产业就业帮扶脱贫的人员，采取必要措施保障其基本生活。将特困救助供养覆盖的未成年人年龄从16周岁延长至18周岁。

2. 规范基本生活救助标准调整机制

制订基本生活救助家庭财产标准或条件。各省（区、市）制订本行政区域内相对统一的区域救助标准或最低指导标准，进一步完善社会救助和保障标准与物价上涨挂钩的联动机制。

3. 加强分类动态管理

健全社会救助对象定期核查机制。对特困人员、短期内经济状况变化不大的低保家庭，每年核查一次；对收入来源不固定、家庭成员有劳动能力的低保家庭，每半年核查一次。复核期内救助对象家庭经济状况没有明显变化的，不再调整救助水平。规范救助对象家庭人口、经济状况重大变化报告机制。

（三）健全专项社会救助

1. 健全医疗救助制度

健全医疗救助对象动态认定核查机制，将符合条件的救助对象纳入救助范围，做好分类资助参保和直接救助工作。加强医疗救助与其他医疗保障制度、社会救助制度衔接，发挥制度合力，减轻困难群众就医就诊后顾之忧。

2. 健全教育救助制度

对在学前教育、义务教育、高中阶段教育（含中等职业教育）和普通高等教育（含高职、大专）阶段就学的低保、特困等家庭学生以及因身心障碍等原因不方便入学接受义务教育的适龄残疾未成年人，根据不同教育阶段需求和实际情况，采取减免相关费用、发放助学金、安排勤工助学岗位、送教上门等方式，给予相应的教育救助。

3. 健全住房救助制度

对符合规定标准的住房困难的低保家庭、分散供养的特困人员等实施住房救助。对农村住房救助对象优先实施危房改造，对城镇住房救助对象优先实施公租房保障。探索建立农村低收入群体住房安全保障长效机制，稳定、持久保障农村低收入家庭住房安全。

4. 健全就业救助制度

为社会救助对象优先提供公共就业服务，按规定落实税费减免、贷款贴息、社会保险补贴、公益性岗位补贴等政策，确保零就业家庭实现动态"清零"。对已就业的低保对象，在核算其家庭收入时扣减必要的就业成本，并在其家庭成员人均收入超过当地低保标准后给予一定时间的渐退期。

（四）完善急难社会救助

1. 强化急难社会救助功能

依据困难情况制订临时救助标准，分类分档予以救助。畅通急难社会救助申请和急难情况及时报告、主动发现渠道，建立健全快速响应、个案会商"救急难"工作机制。

2. 完善临时救助政策措施

临时救助包含两方面的内容，一是急难型临时救助，二是支出型临时救助，针对不同的救助情况，采取相应的救助措施。急难型临时救助适用于突发公共事件，以小金额救助为主，当遭遇突发公共事件时，可对因突发事件陷入生活困境的人员实施急难型临时救助，即先向受灾群众发放小金额救助资金，事后补充说明情况。支出型临时救助的实施需要遵循相应的审批程序，审批通过后方可向救助人员发放救助资金。支出型临时救助具有持续时间长、覆盖范围广的特点。为了增强救助的时效性，支出型临时救助采取分阶段救助的方式，即救助人员的救助审批通过后，并不是一次性将所有的救助资金都发放给救助人员，而是根据实际情况，分阶段发放，监督救助资金的使用情况。鼓励社会资本进入慈善救助领域，加强临时救助与其他救助制度的衔接，形成救助合力。

3. 加强和改进生活无着流浪乞讨人员救助管理

地方党委和政府作为属地的责任主体，承担着管理属地的责任，地方党委和政府要完善法律法规，切实履行管理属地的职责。各级民政部门作为救助的执行部门，要加强同救助管理机构和托养机构的联动，把切实保障流浪乞讨人员的人身安全和基本生活作为重要工作内容。加强同执法部门的协作，充分发挥网络覆盖面广的优势，构建流浪乞讨儿童信息交流平台，加强信息对比，完善源头治理，帮助找到家人的流浪乞讨人员返回原籍，完善回归稳固机制。妥善安置无法找到家人的流浪乞讨人员，为符合条件的人员落实社会保障政策。

4. 做好重大疫情等突发公共事件困难群众急难救助工作

有关部门要深刻意识到困难群众急难救助工作的重要意义，将困难群众急难救助工作纳入突发公共事件，汲取其他地区困难群体急难救助工作的成功经验，结合本地区的实际情况制订科学合理的应急预案，建立健全应急期社会救助政策，完善紧急救助程序。当重大疫情等突发公共卫生事件或者地震灾害、地质灾害、交通运输事故、环境污染等其他突发公共事件发生时，要深入分析该事件可能会对群众造成的影响，如是否会对群众的生命财产造成威胁，是否会降低群众的生活水平，特别是对于困难群众产生的影响，是否会加重他们的经济负担，使其陷入生活更加困窘的境地。在综合考虑各方因素的基础上，积极做好应对工作，当公共事件的影响达到一定程度时，适时启动紧急救助程序，适当提高受影响地区城乡低保、特困人员救助等保障标准。当突发公共事件发生时，认真开展走访摸排工作，了解该突发公共事件的影响程度，将受突发公共事件影响生活陷入困境的人员纳入救助范围，根据影响程度的不同，制订相应的救助标准，对于受突发公共事件严重影响且暂时失去经济来源的人员发放临时生活补贴，强化对困难群体的基本生活保障。

三、合理确定农村医疗保障待遇水平

（一）增强基本医疗保险保障功能

完善统一的城乡居民基本医疗保险制度，巩固住院待遇保障水平，县域内、政策范围内住院费用支付比例总体稳定在 70％左右。补齐门诊保障短板，规范门诊慢特病保障政策。

（二）提高大病保险保障能力

巩固大病保险保障水平，降低参保农村居民大病保险起付线并统一至当地上年居民人均可支配收入的一半，政策范围内支付比例稳定在 60％左右。在全面落实大病保险普惠待遇政策的基础上，对于生活特别困难人员在政策范围内进行适度倾斜，如低保对象和返贫致贫人口因患重大疾病需要报销时，保险起付线降低到普通居民的一半，即当地上年居民人均可支配收入的四分之一，报销比例提高，普通居民在大病报销时有着封顶线的限制，对于低保对象和返贫致贫人口的大病保险可逐步取消封顶线。

（三）夯实医疗救助托底保障

完善统一规范的医疗救助制度，明确救助费用范围。原则上在年度救助限额内，特困人员、低保对象、返贫致贫人口政策范围内个人自付住院医疗费用救助比例可由各地按不低于 70％的比例确定。其他农村低收入人口救助比例略低于低保对象。统筹加大门诊慢特病救助保障，门诊和住院救助共用年度救助限额。经三重制度支付后政策范围内个人负担仍然较重的，给予倾斜救助。

四、完善养老保障和儿童关爱服务

（一）完善养老保障制度

1.完善城乡居民基本养老保险费代缴政策

为了使城乡居民老有所依，能够有一个幸福的晚年生活，我国构建了多层次养老保险体系，地方政府要从当地实际情况出发，通过法规宣传、提高服务水平、完善养老报销费代缴政策等举措，不断扩大养老保险影响力，将参加城乡居民养老保险最低缴费档次居民纳入监测范围，加强对低保对象、特困人员等的关注力度，对于已经失去劳动能力的重度残疾人、因病返贫致贫等缴费困难群体按照最低缴费档次代缴部分，如果他们生活确实困难，无力承担，可为其缴纳全部保费。以村（社区）为宣传主阵地，加强部门联动，通过信息比对，掌握本地参保的具体情况，对于经济来源稳定、生活水平较高的人员引导其提高城乡居民养老保险缴费档次，对于已经脱贫但是生活尚不稳定的居民保留最低缴费档次。

2.强化对失能、部分失能特困老年人口的兜底保障

强化县乡两级养老机构对失能、部分失能特困老年人口的兜底保障，盘活利用敬老院、闲置校舍、老年公寓等进行统筹规划改造，支持社会资本经营、开办集中养护机构，推动医、康、养、护有机融合，鼓励县区通过政府购买服务的方式提高失能、部分失能特困老年人口供养水平。加大县乡养老机构管理人员专项培训力度，提升照护水平。

（二）完善儿童关爱服务

完善农村留守儿童和困境儿童关爱服务体系，加大孤儿保障力度，持续深入开展事实无人抚养儿童摸排工作，关注困境儿童的基本生活状况，将符合条件的困境儿童纳入保障范围，联合社区、村委会共同合力，提高儿童福利机构服务保障水平。

1.完善农村留守儿童和困境儿童的关爱工作

加强农村留守儿童的关爱工作，进一步落实困境儿童的分类保障制度，加强对因非身体原因辍学儿童的关注力度，通过电话、走访等方式了解儿童辍学的原因，通过教育资助、送教上门等措施帮助儿童重返校园，对于生活特别困难的儿童优先安排在校住宿。高度重视易地搬迁学生，通过谈心等方式了解他们在学习

生活中是否遇到困难并尽力提供帮助，促进社会融入。

2. 加大对孤儿、事实无人抚养儿童等保障力度

（1）按时足额发放基本生活费

确保资金发放到位，每月按时足额发放孤儿、事实无人抚养儿童基本生活费，确保孤儿和事实无人抚养儿童的基本生活保障政策得到有效落实。

（2）落实探访巡查工作机制

严格落实孤儿、事实无人抚养儿童等特殊群体儿童巡查关爱工作机制、坚持对孤儿、事实无人抚养儿童进行探访，了解掌握孤儿、事实无人抚养儿童的学习、生活和监护人等基本情况。

（3）加强信息管理系统管理

落实专人负责信息录入，认真审核申请材料，新增对象及时审批，不符合条件的对象及时核减，确保发放对象与全国儿童福利信息管理系统录入情况一致。

3. 提升儿童福利机构服务保障水平

（1）完善儿童福利机构设施建设

我国儿童福利建设起步较晚，各项制度有待完善。同欧美等发达国家相比，我国的儿童福利结构尚处于起步阶段，各项设施还不健全，因此有关部门要加大对儿童福利结构的关注力度，加强儿童福利机构建设，站在孤儿健康发展的高度，完善救护车、校车等设备器材，对于身体有缺陷的孤儿配备康复、特殊教育必需的器材，进一步发挥儿童福利结构养护、医疗康复、特殊教育等方面的功能。

（2）加强儿童福利机构工作队伍建设

有关资料表明，当前我国儿童福利机构中存在着特殊教育人员数量不足、专业化程度偏低等方面的问题，因此深化特殊教育领域体制改革，建立健全科学化激励机制，结合特殊教育的特点制订职称评聘标准，将特殊学校教师纳入教育系统职称评聘体系，支持特殊学校教师参与职称评聘，鼓励在儿童福利机构内服务的医护人员参加卫生系统职称评聘体系，推进孤残儿童护理员队伍建设。另外，提高儿童福利机构内护工、康复等专业人才的福利待遇，通过电视、报纸、广播等形式招聘特殊教育专业人才，吸引专业人才到儿童福利机构教学任教，增加特殊教育学科进修，定期组织培训，以提高专业化水平。

（三）加强残疾人托养照护、康复服务

1. 丰富服务形式

根据中国残联统计数据显示，截至 2022 年底，我国残疾人总数超 8 500 万，残疾人的托养照护问题日益成为社会各界探究的热点课题。现阶段，家庭是照护残疾人的责任主体，日间照料和养护机构为辅助方式。各乡镇可因地制宜让符合条件的残疾人根据需要申请居家照护、日间照料和机构托养中的一种服务。

2. 完善居家照护功能

鼓励符合条件的残疾人亲属、邻里或社会组织为有需求的残疾人提供基本生活照料、康复护理、心理慰藉等服务。督促照护和托养对象的法定赡养、抚养、扶养义务人履行义务和责任。提升居家照护服务水平，定期向提供居家照护服务的个人或组织开展护理知识和技能培训。

3. 探索日间照料服务

建立日间照料服务设施标准，鼓励有条件且服务需求相对集中的地区整合设施资源，按标准新建或改建日间照料场所和精神障碍社区康复服务站点，分别为符合条件的智力、肢体残疾人和精神残疾人提供日间照料、心理疏导、康复训练等服务。

4. 提升机构托养能力

围绕智力和肢体残疾人护理和康复需求，按照残疾人护理设施建设标准，加快残疾人综合托养服务机构规划建设，分年度实施农村公办养老院改造工程，逐步提升托养能力。鼓励有条件的农村公办养老院，在满足特困人员集中供养需求的前提下，逐步为建档立卡贫困家庭中的智力和肢体残疾人提供低偿或无偿服务。加快康复护理能力建设，整合政府公益性岗位和购买服务资源、补充专业护理人员工作力量，强化专业技术教育和培训，推进护理能力建设常态化。

5. 明确补助指导标准

采取居家照护和日间照料的，对提供服务的个人、组织或机构按每人每月不低于 600 元的标准给予补助；在残疾人综合托养服务机构和养老机构托养的，按每人每月不低于 1 000 元的标准给予补助；在农村公办养老院托养的，参照市特困人员供养和护理费标准给予补助。补助指导标准根据全市经济社会发展和残疾人实际需求适时调整。县政府结合实际，分类确定经费保障标准并建立动态调整机制。

6. 加强政策衔接

为了切实保障残疾人和生活困难老年人的生活，我国制订了补贴标准，由财政拨款向残疾人和老年人发放生活和护理类补助资金。新形势下，按照择高享受原则，对发放到残疾人和老年人个人的两项补贴进行协调整合，保障各项政策的有效衔接。

第四节　提升脱贫地区整体发展

一、集中支持乡村振兴重点帮扶县

（一）确定乡村振兴重点帮扶县

根据应减尽减的原则，在西部地区地处偏远或高海拔、自然环境比较恶劣、经济发展基础薄弱、社会事业发展较落后的脱贫县中，确定一批国家乡村振兴的重点帮扶县，在基础设施建设、公共服务及其他方面给予重点扶持，加强自身的区域发展能力。对扶贫对象进行分类扶持。支持各地区从脱贫县中选择部分县作为乡村振兴的重点帮扶县。对革命老区和民族地区进行扶持，巩固边疆地区的脱贫攻坚成果，实现乡村振兴。

（二）建立跟踪监测机制

建立跟踪监测机制，定期监测评估中央、省认定的乡村振兴重点帮扶县，实施财政、金融、土地、人才、基础设施建设、公共服务和其他方面的重点扶持政策，加强自身的区域发展能力。

二、坚持和完善帮扶机制

（一）落实东西部协作和对口支援机制

第一，要继续坚持和健全东西部协作机制，以维持原有结对关系的基本稳定为前提，以强化原有经济联系为重点，调整和优化结对帮扶关系，把当前的一对多、多对一救助方式，调整到原则上一个东部地区省份帮助一个西部地区省份，并建立长期固定的结对帮扶关系。

第二，要优化协作帮扶方式，以提供经费、援建项目为依托，进一步强化产业合作、劳务协作、人才支援等，促进产业梯度转移，鼓励东西联合建设产业园区。

第三，在新建的东西部协作结对关系中，适当加入教育、文化、医疗、卫生、科技等产业的对口支援。

第四，充分发挥市场的作用，加强企业合作作为帮扶协作的载体。

第五，省与省之间应建立帮扶关系，防止工作中断和权力削弱。

（二）落实社会力量参与帮扶机制

第一，要继续抓好定点帮扶机制的建立，并进行适当调整和优化，对有条件的部门、单位、企业要安排更多的职责。

第二，不断推进定点帮扶工作，建立健全长效机制，巩固和提高帮扶效果。

第三，定期对东西部协作和定点帮扶成效进行考核评价。

第四，继续实施"万企帮万村"行动。

"万企帮万村"是指力争用 3～5 年时间，动员全国 1 万家以上民营企业参与，帮助 1 万个以上贫困村加快脱贫进程，为促进非公有制经济健康发展和非公有制经济人士健康成长，打好扶贫攻坚战、全面建成小康社会贡献力量。其帮扶方式主要有以下几类。

一是实施产业扶贫。农业企业要通过"公司＋基地＋专业合作社＋农户"等方式，大力发展农产品加工业、特色种养殖业，带动贫困户以利益联结机制增加股本。工业企业应当对贫困地区的自然资源进行合理的开发利用，给予村集体股权，使贫困村、贫困户共享开发收益。金融租赁企业要创新融资模式，支持贫困村开展资金融通服务，为贫困户提供担保贷款。商贸流通企业，尤其是电商企业，应扩大农村业务，利用"互联网＋"的优势和邮政、供销合作社等其他系统加强协作，协助贫困村和贫困户与市场接轨，拓展线上、线下销售渠道。农业产业化经营龙头企业可以向贫困群众提供特色农产品和服务，带动农民增收致富。旅游企业应依托本地独特的自然和人文资源，大力发展乡村旅游、红色旅游和生态旅游。鼓励大型企业在贫困地区建立产业投资基金，进行市场化运作。

二是实施就业扶贫。鼓励企业从帮扶对象中招聘职工，增加在岗人员的训练强度，做好职工的劳动和社会保障，使贫困户就业稳定、收入增加。加强对贫困人员的职业培训，实施精准化的就业扶持计划。鼓励民营职业院校、职业技能培训机构吸纳贫困家庭子女入学，把企业扶贫和职业教育结合起来，达到依靠技能脱贫的目的。充分发挥基层劳动就业和社会保障平台的作用，鼓励和支持用人企业到贫困地区兴办劳务培训基地，进行订单定向培训，扩大贫困户劳动力在本地就业、外出务工的空间。

三是实施公益扶贫。鼓励企业以直接捐赠、建立扶贫公益基金、实施扶贫公益信托的方式，或者通过中国光彩基金会或者其他公益组织进行扶贫。以援建村屯道桥、饮水工程、卫生设施、文化场所，配合推进危房改造、光伏扶贫等方式，帮助贫困村改善面貌。以高校学生、重病患者、留守儿童、空巢老人、残疾人为重点，对贫困户开展捐资助学、医疗救助、生活救助等公益扶贫活动。

第五节　脱贫攻坚与乡村振兴政策的有效衔接

一、财政投入政策衔接

我国脱贫攻坚战取得全面胜利，财政扶贫政策功不可没。财政扶贫资金发挥了投入主渠道的作用，为打赢脱贫攻坚战提供了强大的资金保障。当前在财政支持政策基本保持稳定的同时，按照巩固拓展脱贫攻坚成果与乡村振兴有效对接的要求，结合财力情况，合理地安排财政投入的规模，改善支出结构，调整扶持重点。

（一）充分发挥财政政策效应

巩固拓展脱贫攻坚成果的第一步是要加大防止返贫的力度。这就需要加大财政资金对脱贫地区民生需求的支出，支持防止致贫返贫监测预警。要利用财政资金撬动保险资金，在促进农村民生保险方面持续发力，使广大农民的基本民生需求，如子女教育、住房、医疗、养老等在得到基本保障的基础上逐步提升水平。要做好易地扶贫搬迁后续扶持工作，使搬迁群众住得下、干得好。巩固脱贫需要继续发展产业，在发展农业产业方面，期货加保险等现代金融工具在财政资金的助力下，发挥"四两拨千斤"的杠杆作用，把靠天吃饭的农业弱质性通过财政金融的手段强固起来，提升农业产业抵挡天灾和农产品市场价格波动风险的能力。一些地方探索财政投入为濒临贫困线的农村人口买防贫险，采用保险手段对抗返贫风险。

脱贫攻坚中，在各级财力投入下，形成了规模庞大的扶贫产业，这些产业对带动农村地区贫困人口实现脱贫发挥了关键作用。打赢脱贫攻坚战后，这些扶贫产业要继续发挥作用，就需要摸清底数，实现扶贫资产的保值增值，使其稳定发展并进一步做大做强。按公益性、经营性、确权到户类等分类指导，明确责任、明晰产权、维护权利，让扶贫资产继续在乡村振兴中发挥主力军的作用。

2021年4月，农业农村部、财政部印发《关于做好2021年农业生产发展等项目实施工作的通知》，在重点任务方面，要求支持脱贫地区乡村特色产业发展壮大。贯彻落实党中央、国务院关于实现巩固拓展脱贫攻坚成果同乡村振兴有效衔接的决策部署，重点支持脱贫地区发展壮大乡村特色产业，提高市场竞争力和抗风险能力。强化全产业链支持措施，提升完善产业发展支撑保障和设施条件，支持培育壮大新型经营主体，促进产业内生可持续发展。农业生产发展资金、农业资源及生态保护补助资金、动物防疫等补助经费继续向脱贫县倾斜。

1. 中央财政农业生产发展资金

中央财政的农业生产发展资金，主要用于直接补贴农户、扶持农业绿色发展和技术服务、革新农业经营方式、发展农业产业等。

（1）稳定实施直接补贴政策

①稳定实施耕地地力保护补贴

按照"总体稳定、审慎探索、精准有效"的原则，认真执行《财政部 农业部关于全面推开农业"三项补贴"改革工作的通知》规定。积极稳妥推进实施国家层面的补贴制度，确保粮食生产安全和农产品供给侧结构性改革持续深入推进。同时，按照财政部办公厅、农业农村部办公厅印发的《关于进一步做好耕地地力保护补贴工作的通知》要求，探索建立耕地地力保护补贴分配与耕地地力保护行为联动的有效机制，加强耕地使用核查，实现享受补贴农户耕地不撂荒、地力不减，有效促进"藏粮于地"的战略部署，抑制耕地的"非农化"。

加快消化补贴结转，以前年度结转的资金，应当同当年预算资金结合起来使用。建立完善的补贴资金拨付机制。充分利用现代化的信息手段，促进农户对基础身份信息的获取、实现土地确权数据和其他信息的共享，为基层工作减负，确保补贴发放的规范性、精准性、时效性。强化基层政府责任，落实主体责任和监督责任。切实加强对补贴资金的监管，严防"跑冒滴漏"；对于骗取、贪污、挤占、挪用或者违反规定发放的情况，依规严肃处理。

②启动实施新一轮农机购置补贴政策

根据农业农村部办公厅、财政部办公厅《关于印发〈2021—2023 年农机购置补贴实施指导意见〉的通知》（农办计财〔2021〕8 号）部署要求，创新和完善农机购置补贴政策执行工作，不断提高政策执行的精准化、规范化和便利化程度。

首先，强调稳产保供，自主创新。对粮食和其他重要农产品的生产、丘陵山区特色农业生产给予重点保障，大力扶持农业绿色发展、数字化发展，对机具给予一定的补贴。积极发挥北斗系统在农业领域的作用，实现育秧、干燥、标准化猪舍和畜禽粪污资源化利用成套设施装备列入农机新产品补助试点。

其次，要科学测算，明确补贴额。把粮食生产中的薄弱环节、丘陵山区发展特色农业所迫切需要的机具和高档、复式、智能农机产品补贴额计算比例上升到 35 %。减少轮式拖拉机保有量显著过多、技术落后补贴机具的品目或者等级补贴额，确保在 2023 年把补贴额的测算比例降至 15 % 或更低，并且把一些低价值机具从补贴范围中剔除出去。对有条件的地区，可通过贷款贴息来解决农民购机难问题。除中央财政农机购置补贴资金外，各地区应协调地方财政资金叠加补助。补贴标准应科学计算，避免因补贴额过高而造成的超量购买，影响政策的普惠公平。不得利用其他中央财政资金对农机购置实行累加补贴。

再次，以提高服务效能为重点。创造良好的营商环境，维护市场主体的合法权益。全面实行限时办理，对补贴申请进行受理和认证，将补贴资金兑付任务期限压缩至 15 个工作日内。充分运用二维码、物联网等多种信息化手段，加快补贴的全流程线上处理。

最后，坚持从严管理的原则。完善省级农机主管部门与相关省区市农业机械化管理局的联动机制。加强对参加补贴政策执行情况鉴定（检测）机构的监督。完善省际联动办理、部门联合办理机制，对骗套补贴资金的生产、销售企业给予罚款的处罚，切实保障政策执行的秩序良好，保障补贴资金的安全。

（2）持续推进农业绿色发展

①推进实施重点作物绿色高质高效行动

旨在巩固和提高粮食和其他重要农产品的供给保障能力，注重稳口粮、提质量，扩种玉米、稳种大豆，扩油料、稳棉糖、提产能，促进效益提升，普及区域性、高产高效的技术模式。

因地制宜，大力推广测墒节灌、水肥一体化、集雨补灌、蓄水保墒及其他旱作节水农业技术，大力推广农作物病虫害的绿色防治产品与技术，从更大的范围和更高的层面推广优良食味稻米、高品质专用小麦、高油高蛋白的大豆、双低双高（高产量、高出油率、低芥酸、第六苷）油菜及其他粮、棉、油、糖、菜、茶产能，进一步促进稳产高产、提质增效、示范引领大范围区域性平衡发展。加大政策扶持力度，鼓励引导农民使用新型农机装备，加快培育新型职业农民，推动农机化向深度融合方向迈进。

②实施农机深松整地

旨在增强土壤的蓄水保墒能力，支持在适宜区域实施农机深松整地作业，推动耕地质量的提高，实现农业可持续发展。对不同深度的耕层厚度进行划分，并按相应等级给予补贴。亩均作业补助原则上在30元以内，具体补助标准、作业周期等，各地区要因地制宜制订计划。在机具选择上，应充分考虑农艺措施的实施效果，并兼顾机械成本等因素，充分运用信息化的监测手段，确保深松作业的质量，提升监管工作效率。

③深化基层农技推广体系改革

依托国家现代农业科技示范展示基地、区域示范基地建设等平台，示范推广农业主推重大引领性技术。组织开展重点农作物病虫害绿色防控新技术研究与应用试点，推进农作物病虫全程控制技术研发与推广应用，提升植保专业化服务水平。在山西省、内蒙古自治区等12个省区实施重大技术协同推广任务，熟化一批先进技术，成立技术团队，进行试验示范与观摩，加快推进产学研与多方合作技术集成创新。加大对农民的培训力度，建立农村实用技术培训体系，提高农民科学文化素质。持续推进农技推广特聘计划，以政府购买服务为手段，从乡土专家、新型农业经营主体、种养能手中招募特聘农技员。

（3）发展壮大乡村产业

①加快推进农业产业融合发展

新建成一批国家级现代农业产业园、优势特色产业集群、农业产业强镇。着力培育壮大农产品精深加工、特色休闲旅游等新兴产业。立足优势，依托资源禀赋，以农业全产业链发展为目标，确定开发的主导产业及其优先顺序，建设依托产业强镇、产业园、产业集群，省县乡梯次布局，点线面合作发展的现代乡村产业体系，加速促进品种培优、提高质量、品牌打造、标准化生产相结合，全面提高产业发展的质量效益，增强竞争力。

②实施奶业振兴行动和畜禽健康养殖

第一，开展奶业振兴活动。建立高产优质的苜蓿示范园，降低奶牛养殖成本，确保生鲜乳的品质安全。

第二，实行粮改饲。主要集中在北方农牧交错带，扶持牛羊养殖场（户）、饲草专业化服务组织的发展，收储青贮玉米、苜蓿、燕麦草等优质饲草。

第三，开展对畜禽遗传资源的保护与性能测定工作。扶持有条件的国家畜禽遗传资源保种场、保护区、基因库进行畜禽遗传资源的保护，扶持有条件的国家级畜禽核心育种场和种公畜站建设，奶牛生产性能测定中心负责种畜禽及奶牛生产性能的测定。

第四，要开展肉牛肉羊增量提质行动。在河北省、山西省、内蒙古自治区、辽宁省等15个省区，选择产业基础比较好的牛（羊）养殖大县，扶持基础母牛扩群提质，促进种草养牛养羊全产业链发展。

第五，落实良种补贴。在草原牧区主要省份，对项目区利用良种精液进行人工授精的肉牛养殖场（小区、户），以及存栏能繁母羊30多只、牦牛能繁母牛超过25头份的农户给予适当补贴，扶持牧区推广畜牧良种。在生猪大县，针对利用良种猪精液人工授精生猪的养殖场（户）要给予适当补贴，加速生猪品种改良。

第六，在全国范围内开展蜂业品质提升活动。进行蜜蜂遗传资源的保存利用、良种繁育与推广、现代化养殖加工技术和设施设备的推广使用、蜂产品质量管控体系的构建，促进蜂业整个产业链的提质增效。

③推进地理标志农产品保护和发展

以产品特色化、身份标识化、全程数字化为中心，加强对地理标志农产品的种质保存，维护特色品质，推进全产业链标准化和全程质量控制，增强核心保护区的生产和加工储运能力。完善农业标准体系建设，建立与地方政府沟通协调的机制，加快实施标准化示范区建设。发掘农耕文化，推进绿色有机认证，加大宣传推介力度，培育具有区域特色的品牌。依托农业科技创新平台，加快成果转化应用，打造具有地方特色的优质高效产业。运用现代信息技术，加强标志管理，加强产品追溯。

（4）大力培育新型农业经营主体

①支持新型农业经营主体高质量发展

第一，加快农产品产地冷藏保鲜设施的建设。按照国家要求，结合各地实际情况，制订出台了《农产品产地冷藏保鲜基础设施建设项目实施方案》，明确了项目范围、投资规模、组织管理方式以及资金使用方向和程序。关注鲜活农产品产地"最后一公里"问题，以蔬菜、水果为主线，考虑当地优势特色品种，扶持新型农业经营主体和其他农产品产地冷藏保鲜设施建设。在项目安排上，以国家层面的中央财政资金为主，通过省级政府专项转移支付方式予以保障。从建设内容来看，重点扶持通风贮藏库、机械冷库、气调贮藏库及预冷设施和配套设施设备等的建设，具体来说，是由各主体结合实际需要，确定种类及建设规模，对不具备基本生产条件或有较大发展潜力但尚未完成建园任务的农户进行集中改造。从实施主体来看，以县级以上示范家庭农场和农民合作社示范社为依托，农村集体经济组织登记。通过试点带动，探索建立一批具有较强示范作用和辐射作用的农产品贮藏保鲜专业合作组织或协会等服务实体。试点县可以因地制宜，鼓励发展农业龙头企业、农业产业化联合体等，积极参加农产品产地冷藏保鲜设施。通过政府引导与市场驱动相结合，建立起符合当地实际情况、具有较强可操作性的农产品贮藏保鲜冷链体系，为推进全国范围内的优质高效特色现代农业提供技术支撑和保障。从操作方式来看，采用"先建后补，以奖代补"的方法，地方政府利用农业农村部新型农业经营主体信息直报系统和农业农村部重点农产品信息平台农产品仓储保鲜冷链物流信息系统进行管理，落实建设申请、审查、公示、补助发放的整个过程的线上管理。

第二，扶持新型农业经营主体，增强技术应用与生产经营能力。完善粮食主产区农机购置补贴政策体系，加强农机社会化服务组织培育发展工作，提高农户购机用械的积极性。鼓励县级以上农民合作社示范社（联合社）和示范家庭农场改善生产条件，积极运用先进技术，构建清选包装、烘干等产地初加工设施，提高规模化、集约化、标准化、信息化生产能力等。强化种粮家庭农场、农民合作社扶持。鼓励地方采取政府购买服务的办法，授权行业协会或者联盟、专业机构、专业人才为农民合作社、家庭农场提供生产技术、产业发展、财务管理、市场营销等方面的人才。引导社会力量参与农业社会化服务体系的建设，完善农产品产销信息发布平台、农资供应平台等公共服务体系。各地区应发挥全国家庭农场名录系统的功能，重点扶持列入名录系统的农场。积极引导各类社会资本参与家庭农场建设，促进土地流转，加快建立完善社会化服务体系。鼓励地方推进农民合作社质量提升工作，扶持农民合作社进行社企对接，加强市场营销与品牌培育能力建设。加强政策扶持力度，引导各类社会组织参与农民合作社的建设与管理。鼓励组建农业产业化联合体。

②加快推进农业生产社会化服务

扶持符合条件的农村集体经济组织、农民合作社、农业服务专业户以及服务类企业等为小农户提供社会化服务，着力解决小农户生产粮棉油糖等主要农产品生产过程中存在薄弱环节的机械化、专业化的服务需求。加快推进农机农艺的融合，提高农业机械使用效率和效益。加强对南方早稻主产省、丘陵地区发展粮食生产的支持力度。鼓励农机大户、家庭农场参与"三夏"机械跨区作业管理。坚持市场化的手段，采取以奖代补、作业补贴及其他各种办法，支持各服务主体实施统防统治、代耕、代种、代收等，实现机械化、专业化、社会化的服务。

支持机械作业监测传感器、北斗导航终端等服务主体的安装与使用，集中连片推进农业生产社会化服务。各地区应结合本地小农户及农业生产的需要，因地制宜，开发各类服务模式，提高农业社会化服务市场化、专业化、规模化、信息化水平，促进服务型规模经营，加快农业生产方式、经营方式的变革，带动小农户与现代农业的协调发展。

③实施高素质农民培训

主要对象是从事适度规模经营的农户，推行新型农业经营，增强服务主体的能力，加强乡村治理与社会事业发展带头人、农村实用人才带头人的培训，加速培育懂技术、会管理、能经营的高素质农民。鼓励经验丰富、条件成熟的农业企业、家庭农场、农民合作社等参加实习实训。

④稳步扩大农业信贷担保规模

加大中央财政补贴的政策性导向，提升中央财政补贴资金的使用效率。继续加大支农贷款支持力度，进一步提升服务"三农"能力。加快农业信贷担保服务网络在市、县两级的拓展，逐步做到重点县网点覆盖、业务覆盖。完善财政贴息政策，加大对种粮农民的直接补贴力度，支持粮食主产区开展多种形式的规模经营，促进适度规模经营与社会化服务相结合。不断扩大在保贷款余额，增加在保项目，强化农业信贷担保放大倍数的定量考核。

强化对农业信贷担保"双控"操作的评估，健全省级农担公司"双控"的具体业务范围，建立完善的"双控"与政策性任务的确认机制。强化涉农贷款投放管理，确保不出现区域性、行业性风险。加大对贫困地区的财政扶贫资金扶持力度，落实好国家专项转移支付政策，引导地方政府合理增加农业投入。督促和引导省级农担公司完善风险防控体系建设，完善风险管理制度，增强风险识别和监控的能力，健全多渠道分险机制，不断创新风险化解的手段，有效坚守风险底线。

2. 中央财政农业资源及生态保护补助资金

中央财政农业资源和生态保护补助资金重点支持耕地质量改善、渔业资源保护、草原生态保护与利用、农业废弃物资源化等。

（1）支持耕地质量提升

①加强耕地保护与质量提升

第一，化肥减量增效示范。在重点作物绿色高质高效行动县开展化肥减量增效示范活动，指导企业、社会化服务组织科学施肥技术服务工作，扶持农户、新型农业经营主体推广应用化肥减量增效的新技术、新产品，重点是解决化肥施用过多、利用率不高等主要问题。继续抓好取土化验、田间试验、配方拟定和公布、测土配方施肥的基础工作，包括测土配方施肥资料成果的研制与应用。

第二，进行退化耕地治理。在耕地酸化、盐碱化比较严重的地区，集成推广使用土壤调理剂、绿肥还田、耕作压盐、增施有机肥及其他处理方法。继续抓好耕地质量等级年度变更评定和补充耕地质量评定的试点工作。

第三，加大生产障碍耕地的治理力度。在西南、华南等地区，针对不同的耕地，生产障碍程度是不同的，因此需要充分分析作物品种、耕作习惯等，因地制宜地采用品种替代和水肥调控的方法，做好农业废弃物的回收利用工作，采用环境友好的农业生产技术，克服农产品产地的环境障碍，促进农产品质量安全。

②统筹推进东北黑土地保护利用和保护性耕作

切实执行《东北黑土地保护规划纲要（2017—2030年）》，重点保护黑土地83个重点县，对东北黑土地进行集中连片的保护与利用，着力推进秸秆还田和"深翻＋有机肥还田"综合技术模式，推动黑土地核心区集中连片提质培肥示范。加大对秸秆综合利用的政策扶持力度。持续稳步推进东北黑土地保护性耕作行动方案，配套推广适宜地区秸秆覆盖免（少）耕播种关键技术，鼓励整乡、整村、整建制发展，促使保护性耕作在东北适宜地区成为主流的耕作技术。

③推进耕地轮作休耕制度

基于资源禀赋，强调生态保护，进行综合治理，对科学有效的轮作模式作进一步的探讨，在东北地区实行大豆、薯类—玉米、杂粮杂豆、春小麦—玉米等作物轮作，在黄淮海地区实行玉米—大豆轮作，或者花生—玉米轮作，在长江流域实行稻油、稻稻油轮作，以豆科作物的轮作倒茬方式，起到固氮作用，提高耕地质量，降低化肥用量，也能通过各种作物之间的轮作，减少病虫害的发生，降低农药使用量，加快绿色种植制度的建设，推动农业资源的永续利用。

（2）加强渔业资源养护

①开展长江流域重点水域禁捕

各相关省应协调使用过渡期补助资金，扎实开展长江流域重点水域禁捕行动。根据相关省自查情况，财政部联合农业农村部对长江禁捕退捕财政补助资金进行督查，确保经费的落实以及安全、规范、有效的利用。加强组织领导，明确责任分工——成立领导小组。加强对长江禁捕退捕资金执行情况的定期调度，督促、指导各地认真做好资金保障和其他有关工作，巩固长江禁捕、退捕的工作成果，保障"十年禁渔"工作的有效开展。

②实施重点水域渔业增殖放流

在流域性大江大湖、界江界河、资源衰退较重的海域和其他重点海域进行渔业增殖放流，适当提高长江流域珍贵、濒危水生生物的放流次数。确保放流苗种的质量和安全，促进增殖放流的科学、有序发展。

（3）启动实施第三轮草原生态保护补助奖励政策

第三轮草原生态保护补助和奖励政策开始实施，进一步拓展了政策的实施范围。对新增的草原面积给予一次性补贴或按一定比例进行补偿。各相关省负责补奖政策的落实，因地制宜，细化方案，根据实际情况，科学制订具体的补奖标准及发放办法。在完善相关配套政策措施的基础上，鼓励地方政府加大对农民群众参与草原生态建设积极性的引导扶持力度，调动农牧民发展草原畜牧业生产的积极性。半农半牧区省份执行"一揽子"政策，促进生产转型，提升草原畜牧业的现代化水平。

（4）强化农业废弃物资源化利用

①开展绿色种养循环农业试点

选基础条件良好、地方政府积极性较高的县（市、区），在全县范围内进行绿色种养循环农业的试点，以县域为单元，建构粪肥还田的组织运作方式，为提供粪污收集处理服务的企业、合作社及其他主体，以及提供粪肥还田的社会化服务组织，予以奖补扶持，带动全县粪污基本还田，促进化肥减量化，推动耕地质量提升，实现农业绿色发展。

②促进农作物秸秆综合利用

全面开展秸秆综合利用活动，实施整县集中推进。在国家支持下，加快建立统一开放竞争有序的市场体系，促进农业废弃物资源化利用，实现"变废为宝"。各地区应根据实际情况、突出重点区域、坚持农用优先原则和多元利用原则，培育和壮大秸秆综合利用市场主体，调动秸秆还田、离田、加工利用各个环节的市场主体的活力，探索可推广、可持续发展的产业模式，建立稳定的秸秆综合利用运行机制，创造出一批产业化利用的典型样板，积极开展全量利用县建设，稳定提升省域秸秆综合利用的能力。加大政策扶持力度，引导农民合理使用秸秆资源。强化秸秆资源台账，健全监测评价体系。建立全国统一的秸秆综合管理数据库，实现数据采集、统计汇总、分析应用一体化。以东北地区耕地质量提升为主线，推动秸秆还田、增碳固碳。

③推广地膜回收利用

加快地膜使用与回收利用机制的建立，扶持整县开展废旧地膜回收工作，鼓励独立进行探索，建立和完善废旧地膜回收加工体系，促进经营主体交底的确立、专业化的组织回收、加工企业收回、以旧换新及其他各种回收利用机制，并积极探索"谁生产、谁回收"的地膜生产者责任延伸制度，严格市场准入，严禁生产和使用不符合标准的地膜，支持具备条件的区域集中使用适宜作物的全生物可降解地膜。

3. 中央财政动物防疫等补助经费

中央财政动物防疫等补助经费主要用于动物疫病强制免疫、强制扑杀、养殖环节无害化处理等3个方面支出。

（1）强制免疫补助

主要针对口蹄疫、高致病性禽流感、小反刍兽疫、棘球蚴病等动物疫病采取强制免疫，并采购动物防疫服务。目前我国已建立了完善的动物疫苗监管体系，在全国范围内开展了大规模畜禽重大疫情监测与防控工作，为保障畜牧业健康发展作出重要贡献。到2022年底，全部规模养殖场"先打后补"到位。同时，要加大宣传力度，强化技术支撑，加快疫苗研发进程。各地应加强对资金使用的管理，增强政策成效。

（2）强制扑杀补助

主要适用于国家正在防范、控制与扑灭的动物疫病工作，对于依法强行扑杀的动物的所有者应当予以补贴。具体是指各级人民政府按照国家有关规定，为保障畜禽及其产品市场交易安全及相关公共卫生安全而提供的专项补偿资金。列入强制扑杀中央财政补助的疫病有非洲猪瘟、口蹄疫、高致病性禽流感、小反刍兽疫、棘球蚴病、马鼻疽等。

（3）养殖环节无害化处理补助

主要用于养殖环节中病死猪的无害化处理等，补助对象是负责无害化处理工作的执行者。各省（区、市）落实《农业农村部 财政部关于进一步加强病死畜禽无害化处理工作的通知》要求，制订无害化处理补助标准。[①] 必须协调好省、市、县的资金安排，足额拨付经费，强化监督，以便在合适的区域内进行统一采集、集中处理，推进以集中处理为主、分散处理为辅的机制，逐步增加专业无害化处理的覆盖率。

---

① 农业农村部 财政部关于进一步加强病死畜禽无害化处理工作的通知 [J]. 畜牧产业，2020（4）：20-21

（二）精准使用衔接资金

1.衔接资金的用途

衔接资金主要用于支持各省、自治区、直辖市巩固拓展脱贫攻坚成果同乡村振兴有效衔接，具体包括以下方面。

（1）支持巩固拓展脱贫攻坚成果

第一，完善预防返贫致贫的监控帮扶机制，加强监测预警，加大帮扶力度，针对监测帮扶对象，采取针对性的预防措施及事后救助。可以合理安排产业发展、小额信贷贴息、生产经营与劳动技能培训、公益岗位补助及其他费用。低保、医保、养老保险、临时救助和其他综合保障，通过原有的资金渠道进行扶持。建立完善"大数据"平台，实现信息共享，确保动态掌握贫困人口数量变化情况，及时发现问题并进行有效干预。监测预警工作的经费由各级各部门预算拨付。

第二，"十三五"易地扶贫搬迁的后续支持。扶持和实施引领搬迁群众成长的工程，对集中安置区录用搬迁群众提供公共服务岗位和"一站式"社区综合服务设施建设给予适当补贴。对计划内的易地扶贫搬迁贷款、调整规范地方政府债券，按照有关规定给予贴息补助。

第三，外出务工脱贫劳动力稳定就业，对于跨省就业脱贫劳动力，可以适当给予一次性交通补助。采取以工代赈、生产奖补、劳务补助和其他办法，推动返乡在乡脱贫劳动力发展产业，增加就业收入。鼓励有劳动能力的农民工通过自主创业带动当地群众脱贫致富。对符合条件的脱贫户，继续安排"雨露计划"补贴。

（2）支持衔接推进乡村振兴

第一，培育壮大欠发达地区的特色优势产业，逐年加大资金支持力度，扶持农业品种培优，提高质量，树立品牌。促进产销对接，开展消费帮扶，破解农产品"卖难"的难题。实施农村电商发展专项行动计划，推进电子商务进乡镇进村入户工作，加快建立完善农村信息服务系统，开展农民实用技术培训，引导农民创业创新。鼓励有条件的企业到贫困地区开展生产加工经营，帮助当地群众发展特色产业。

第二，加强农村人居环境整治，重视小型公益性基础设施建设。加大对涉农项目及民生工程资金的投入力度，确保财政资金优先用于改善农民群众生活条件。加强农业生产配套设施建设、垃圾清运及其他公益性的小型生活设施。对文化和其他农村基本公共服务给予扶持。

第三，开展兴边富民活动，促进人口众多的少数民族的发展，发展少数民族特色产业，建设民族村寨，开展以工代赈工程，注重"三西"区域的农业建设。

（3）巩固拓展脱贫攻坚成果同乡村振兴有效衔接的其他相关支出

衔接资金必须用于巩固扩大脱贫攻坚成果、促进欠发达地区乡村振兴等方面，包括单位的基本支出、交通工具和通信设备、建楼堂馆所、各类奖金津贴、福利补助、偿还债务、垫资及其他。清偿易地扶贫搬迁债务，严格按照相关规定办理。

2. 衔接资金的分配

衔接资金要遵循巩固扩大脱贫攻坚成果与乡村振兴相结合的原则，促进少数民族的发展。各项工作根据以上原则，分别制订具体的测算指标。"三西"地区农业建设的任务，按国务院核定的规模进行布置。

衔接资金要统筹安排运用，形成工作合力。考虑脱贫县的大小及分布情况，实施分类分档支持。中央部门可结合当地实际情况适当调整专项补助标准。对于全国乡村振兴工作重点帮扶县和新疆维吾尔自治区、西藏自治区给予倾斜扶持。西部地区要在充分调查研究的基础上合理制订产业发展规划并落实项目扶持政策。东部地区要根据实际情况，把衔接资金重点放在吸纳中西部脱贫人口跨省就业上。中西部地区仍按有关规定，在脱贫县范围内进行统筹整合和利用财政涉农基金试点，经费的使用按统筹整合的相关要求进行。

各省在分配衔接资金时，要统筹兼顾脱贫县和非贫困县实际情况，推动均衡发展。衔接资金项目审批权限下放到县级，强化县级管理责任，县级可统筹安排不超过30％的到县衔接资金，支持非贫困村发展产业、补齐必要的基础设施短板及县级乡村振兴规划相关项目。

3. 衔接资金的使用

在衔接资金的使用上，坚持下放权限和强化管理相结合，将衔接资金项目审批权限继续下放到县级，并赋予更大自主权，明确县级可统筹安排不超过30％的到县衔接资金，支持非贫困村发展产业、补齐必要的基础设施短板和县级乡村振兴规划相关项目。

4. 衔接资金的监管

在衔接资金的监管上，要求各地要建立完善巩固拓展脱贫攻坚成果和乡村振兴项目库，提前做好项目储备，严格项目论证入库，衔接资金支持的项目原则上要从项目库中选择。属于政府采购管理范围的项目，执行政府采购相关规定，村级微小型项目可按照村民民主议事方式直接委托村级组织自建自营。各地要加强衔接资金和项目管理，落实绩效管理要求，全面推行公开公示制度，加快预算执行进度，提高资金使用效益。

（三）做好财政投入政策的有效衔接

1.过渡期内的财政支持政策须总体保持稳定

要做好原财政专项扶贫资金的调整优化工作。动态调整、持续优化财政资金的支出结构，逐步提高用于发展乡村产业的比重。使用于巩固拓展脱贫攻坚和乡村振兴的财力保持稳定，功能更加聚焦，结构更加优化，绩效更加提升。

2.过渡期内延续脱贫攻坚时期的税收政策

税收扶贫政策包括针对中小微企业和农户类，比如：增值税小规模纳税人销售额限额内免征增值税，小型微利企业减免企业所得税；税收政策通过减计收入、准备金税前扣除等方式，撬动金融资金，鼓励金融机构和小额贷款公司以农户和小微企业为对象，加大对扶贫开发的资金投入；针对扶贫捐赠类，个人通过公益性社会组织或国家机关的公益慈善事业捐赠个人所得税税前扣除；针对发展基础设施类，农村电网维护费免征增值税，国家重点扶持的公共基础设施项目企业所得税"三免三减半"等政策。这些税收优惠在脱贫攻坚阶段都发挥了良好作用，应在过渡期内延续并适时调整优化。

二、金融服务政策衔接

（一）做好金融政策衔接

做好金融政策衔接，为乡村振兴把握服务导向。

一是增强金融扶贫可持续能力。加强对现有金融精准扶贫政策的梳理，保持政策的连续性和可持续性，做好过渡期脱贫人口小额信贷工作，确保脱贫不脱帮扶、脱贫不脱政策、脱贫不脱项目。

二是健全市场化运作机制。参与构建"政府引导、市场决定"的贫困治理体制机制，主动贯彻新发展理念，重点采用市场化金融手段，破解金融扶贫对财政补贴依赖问题，建立商业可持续金融扶贫模式。

三是做好多方协同合作。加强与政府部门的协调配合，推动完善财政贴息、奖补、保费补贴等机制、形成银行、保险、担保等金融手段的组合运用，推动基础金融服务扩面提质。

（二）做好信贷投放衔接

做好信贷投放衔接，为乡村振兴夯实资金保障。

一是加强对接建档，倾斜信贷资源。加强新型农业经营主体客户对接建档，重点满足农业龙头企业、农民专业合作社、家庭农场等，从事农业规模化经营、品牌化营销等过程中的资金需求。

二是创新授信模式，满足融资需求。全面对接辖内农业供销市场、农产品生产园区和农业生产加工基地、大力推广农业产业链、中小微企业联盟等支持模式，支持农户融入现代农业生产体系。

三是量身定制产品，促进联合发展。支持有条件的农民专业合作社发展信用合作，根据农民合作社生产项目及资金需求特点，量身定做信贷产品，为其成员贷款提供沟通和增信担保的便利金融服务。

（三）做好产业支持衔接

做好产业支持衔接，为乡村振兴打造强劲引擎。

一是支持特色产业发展。以脱贫县为单位规划发展乡村特色产业，实施特色种养业提升行动，完善全产业链支持措施。加快脱贫地区农产品和食品仓储保鲜、冷链物流设施建设，支持农产品流通企业、电商、批发市场与区域特色产业精准对接。

二是支持新型产业发展。围绕乡村新产业新业态，大力支持现代农业、旅游农业、乡村民宿等涉农产业，创新开发休闲农业、特色小镇等领域专属信贷产品，充分发掘乡村地区特色资源。

三是支持产业融合发展。围绕农村产业融合发展示范园、农村产品融合先导区建设，持续加强金融支持农村一、二、三产业融合发展力度，促进农业产业链和价值链延伸。

（四）做好资源要素衔接

做好资源要素衔接、为乡村振兴注入核心动能。

一是拓宽担保方式，畅通资源渠道。稳步推广"两权"抵押贷款，加强与省农担、省担保、省再担保等三大省级担保平台合作，着力解决涉农客户缺抵押、没担保难题。

二是创新服务模式，提升服务质效。发挥点多面广人熟优势，做实村银共建、整村授信、批量获客服务，全力满足辖内农户、个体工商户、外出务工人员等资金需求。

三是搭建合作平台，强化科技运用。对接当地政府部门、互联网公司等合作平台，有效利用"利农购"平台，提升农村金融数字化、便利化水平。同时，加强对农户的金融启蒙和教育，定向开展金融知识宣传，培养金融新观念。

三、土地支持政策衔接

土地是稀缺资源，耕地是我国最为宝贵的资源，更是数以亿计农民的安身立命之本。我国应坚持最严格耕地保护制度，坚决守住18亿亩耕地红线。

（一）坚持最严格耕地保护制度

增强耕地保护意识，加强土地用途管制，加强对耕地质量的保护和改善，坚决杜绝耕地占补平衡中补充耕地数量不足、补充耕地质量不足的问题，坚决杜绝占多补少、占优补劣的现象。

1. 严格控制建设占用耕地

强化土地规划管控，强化用途管制。发挥土地利用总体规划的整体控制功能，严格新增建设用地规模的审批，完善建设用地布局，严格控制建设占用耕地，尤其是优质耕地，严格控制永久基本农田的划定与保护。全面完成永久基本农田划定工作，并在土地利用总体规划中予以明确。

永久基本农田划定后，任何单位或者个人均不得侵占或者改变其用途。在土地利用总体规划中确定永久基本农田后，各地应按照国家规定严格落实土地用途管制制度。加强永久基本农田在各项建设布局中的制约作用，一般建设项目不占用永久性基本农田；鼓励通过增减挂钩方式增加农村集体经营性建设用地供给，保障农民利益。通过节约集约用地，减轻建设占用耕地的压力、盘活存量建设用地、推动城镇低效用地的重新发展，指导产能过剩行业、"僵尸企业"土地退出、转产与兼并重组。严格落实永久基本农田保护责任机制，确保国家重要农产品生产基地等重点区域和生态涵养区不受破坏。加强对节约集约用地的目标考核与制约，促进建设用地在条件成熟时减量化甚至零增长。

2. 改进耕地占补平衡管理

严格履行耕地占补平衡职责。强化耕地占补平衡管理。健全落实耕地占补平衡责任的机制。建立省级以下财政统一保障的耕地保护补偿制度。非农建设侵占耕地，建设单位应当依法履行义务，补充耕地，如果不能自行补充的，耕地开垦费应按有关规定全额支付。县级以上人民政府根据实际情况确定补充耕地指标和标准，并将新增耕地面积纳入土地利用总体规划中予以保障。地方各级政府是土地整治工作的主体，通过对土地的整理、复垦、发展等方面促进高标准农田建设，增加耕地数量、提高耕地质量，主要采取县域自行平衡、省域调剂辅助、国家适度统筹的方式，完成补充耕地任务。

增加补充耕地的方式，协调推进土地整治工作、高标准农田建设、城乡建设用地增减挂钩工作、对历史遗留的工矿废弃地进行复垦等，新增耕地一经批准，可以用于完成补充耕地的任务。加强对耕地质量的监管，提高基本农田保护水平。鼓励各地综合运用有关资金开展土地整治，建设高标准农田；加大对新农村建设的支持力度，引导农民发展农业适度规模经营。严格补充耕地的检查和验收，强化耕地占补平衡考核评价工作。严格确定新增耕地数量，按照有关技术规程，对新增耕地进行质量评定。完善耕地占补平衡机制，落实"占一补二"政策，建立以提高耕地产能为核心的农业结构调整长效机制。省级政府应做好市、县补充耕地检查复核工作，保证耕地的数量和质量。

3. 推进耕地质量提升和保护

因地制宜选择适宜的高标准基本农田建设模式，坚持"谁开发谁保护"原则，实行最严格的耕地保护措施。各地区应按照国家高标准农田建设整体规划，结合国家土地整治规划进行布局，对高标准农田建设的各项任务进行层层分解。完善高标准基本农田监管体系，确立政府主导、社会参与的工作机制，利用财政资金，引导社会资本投入高标准农田建设。强化基本农田保护区内各类用地的审批管理，强化高标准农田的后期管护工作、履行高标准农田基础设施管护职责；加大对新增基本农田建设项目用地指标的控制力度。开展保护和改善耕地质量的行动，完善基本农田划定和监管制度，强化基本农田保护区内土地用途管制，依法依规对各类农用地进行规划管控，实行"多规合一"管理。全面实现建设占用耕地耕作层的剥离再利用，改善补充耕地质量。将中低质量农田列入高标准农田建设，进行提质改造，在保证补充耕地的前提下，改善耕地质量。

加大新增耕地的后期培肥改良力度，对退化耕地进行综合治理，对污染耕地进行阻控与修复，切实提升耕地产能，协调耕地休养生息工作。落实耕地占补平衡责任机制，强化轮作休耕的耕地管理，加强轮作休耕耕地的保护与整治；因地制宜，免耕少耕，深松浅翻，深施肥料，粮豆轮作套作，做到用地和养地相结合，采取多种措施保护和提高耕地产能，强化耕地质量调查评价和监控。健全耕地质量与耕地产能相结合的评价制度，定期开展全国耕地质量、耕地产能水平综合评价，公布结果。强化耕地资源利用监管能力建设，建立健全国家耕地质量动态监控机制，建立耕地生态安全预警指标体系。健全土地调查监测体系，健全耕地质量监测网络。

4. 健全耕地保护补偿机制

加大耕地保护责任主体补偿激励力度。一方面，完善耕地保护奖励机制。统筹安排经费，遵循谁保护谁受益的原则，增加对耕地的保护补偿。另一方面，建立耕地保护奖励基金。鼓励各地统筹安排财政资金，对农村集体经济组织、农户等负有耕地保护任务者实行奖补。奖补资金的分配应当同耕地保护责任的履行相挂钩，实施跨地区补充耕地利益调控。

生态条件许可时，扶持耕地后备资源充足的重点扶贫地区，有序开展土地整治，新增耕地、补充耕地指标可以对口调剂到各省域经济发达地区。支持占用耕地地区以补交耕地指标调剂费用为前提，通过承接产业转移、配套建设基础设施等多种手段，对口支持补充耕地的区域，在补充耕地地区激发耕地保护热情。

（二）完善农村土地管理制度

探索建立以农户为主体的城乡建设用地增减挂钩机制，完善配套政策措施。建立和完善依法公平获得、节约集约使用、宅基地自愿有偿退出管理制度。完善农民集体所有权保护制度，落实好土地承包经营权流转政策。在满足规划及用途管制的基础上，给予农村集体经营性建设用地转让、出租、入股权能，明确进入市场的范围与方式。探索土地承包经营权流转模式，鼓励农户与集体经济组织之间开展多种形式的合作。确立集体经营性建设用地增值收益的分配制度。

1. 大力推进房地一体调查

各地要推进农村房地一体的不动产权籍调查工作，查清每宗宅基地、集体建设用地的权属、界址、位置、面积、用途及农房等地上建筑物、构筑物的基本情况，并建立数据库，为农村房地一体确权登记提供基础支撑。对于"一户多宅"、超面积占地或没有土地权属来源材料的宅基地和集体建设用地，要在遵照历史、照顾现实、依法依规、公平合理原则的基础上，按照《自然资源部关于加快宅基地和集体建设用地使用权确权登记工作的通知》的相关规定予以妥善处理，依法办理房地一体的不动产登记手续，切实维护农村群众合法权益，为实施乡村振兴战略提供产权保障和融资条件。有条件的地方在乡镇建立不动产登记服务站，将不动产登记业务向下延伸，实现就近就地登记发证。

2. 统筹推进农村制度改革

要始终把维护好、实现好、发展好农民权益作为出发点和落脚点，坚持土地公有制性质不改变、耕地红线不突破、农民利益不受损 3 条底线，在试点基础上有序推进。平衡好国家、集体、个人三者利益，探索土地增值收益分配机制，增加农民土地财产性收益，形成可复制、可推广的制度性成果。

3. 推进利用集体建设用地建设租赁住房试点

利用集体建设用地建设租赁住房，有助于拓展集体土地用途，拓宽集体经济组织和农民增收渠道。鼓励试点地区村镇集体经济组织自行开发运营，也可以通过联营、入股等方式建设运营集体租赁住房。兼顾政府、农民集体、企业和个人利益，厘清权利义务关系，平衡项目收益与征地成本关系。完善合同履约监管机制，土地所有权人和建设用地使用权人、出租人和承租人依法履行合同和登记文件中所载明的权利和义务。试点城市国土资源部门要优化用地管理环节，对宗地供应计划、签订用地合同、用地许可、不动产登记、项目开竣工等环节实行全流程管理。

（三）完善农村新增建设用地保障机制

1. 发挥土地利用总体规划的引领作用

各地区在编制和实施土地利用总体规划中，要适应现代农业和农村产业融合发展需要，优先保障巩固拓展脱贫攻坚成果和乡村振兴用地需要，乡（镇）土地利用总体规划可以预留一定比例的规划建设用地指标，用于零星分散的单独选址农业设施、乡村旅游设施等建设。

做好农业产业园、科技园、创业园用地安排，在确保农地农用的前提下，引导农村第二、第三产业向县城、重点乡镇及产业园区等集聚，合理保障农业产业园区建设用地需求，严防变相搞房地产开发的现象出现。省级国土资源主管部门制订用地控制标准，加强实施监管。

2. 因地制宜编制村土地利用规划

在充分尊重农民意愿的前提下，组织有条件的乡镇，以乡镇土地利用总体规划为依据，以"不占用永久基本农田、不突破建设地规模、不破坏生态环境和人文风貌"与"控制总量、盘活存量、用好流量"为原则，开展村土地利用规划编制工作，科学安排农业生产、村庄建设、产业发展和生态保护等用地。

乡村振兴、土地整治和特色景观旅游名镇名村保护的地方及建档立卡贫困村，应优先组织编制村土地利用规划。村土地利用规划应引导村民委员会全程参与，充分发挥村民自治组织作用。

3. 鼓励土地复合利用

支持各地结合实际探索土地复合利用，建设田园综合体，发展休闲农业、乡村旅游、农业教育、农业科普、农事体验、乡村养老院等产业，因地制宜拓展土地使用功能。

四、人才智力支持政策衔接

人才是打赢脱贫攻坚战和推动乡村振兴战略的核心动能，要延续脱贫攻坚期间各项人才智力支持政策，建立健全引导各类人才服务乡村振兴长效机制。

（一）多渠道引进人才

实施专业人才引进计划。立足乡村振兴对人才的需求，不断深化人才制度改革，加大对农业科技、乡村规划、农业营销领军人才的引进力度，积极引进东部沿海发达地区参与现代乡村建设，尤其是主持编制乡村规划的专业人才，鼓励支持各地对引进的高素质专业人才实行职业经理人制度，按照市场化标准确定薪酬。围绕乡村振兴产业布局，推行"人才项目""人才产业"精准引才用才模式，在引进项目、产业的同时，一并引进企业和人才团队。鼓励和引导各方面人才向国家乡村振兴重点帮扶县基层流动。

（二）实施"雁归人员"回引工程

加快建设一批县域返乡入乡创业园，推动要素聚集、政策集成、服务集合，打造农村创业创新升级版，精心筑巢引凤。出台返乡创业就业激励政策，推动和引导有资本、技术和创业经验的在外能人返乡创新创业，带动更多先进生产要素向乡村集聚，努力营造外出务工人员返乡创业就业的良好氛围。加大易地扶贫搬迁的人力资源开发力度，尽快让人口"包袱"转变为人才红利。

（三）巩固拓展乡村教师队伍建设成果

落实《教育部等六部门关于加强新时代乡村教师队伍建设的意见》（教师〔2020〕5 号），继续实施农村义务教育阶段学校教师特设岗位计划、中小学幼儿园教师国家级培训计划、银龄讲学计划、乡村教师生活补助政策，优先满足脱贫地区对高素质教师的补充需求，提高乡村教师队伍整体素质。

在脱贫地区增加公费师范生培养供给，组织部属师范大学和省属师范院校，定向培养一批优秀师资。加强对脱贫地区校长的培训，着力提升管理水平。加强教师教育体系建设，建设一批国家师范教育基地和教师教育改革实验区，推动师范教育高质量发展与巩固拓展教育脱贫攻坚成果、实施乡村振兴相结合。深化人工智能助推教师队伍建设试点。切实保障义务教育教师工资待遇。

（四）实施高校基层成长计划

深入推进大学生村官工作，因地制宜实施"三支一扶"、高校毕业生基层成长等计划，开展乡村振兴"巾帼行动""青春建功行动"。构建引导和鼓励高校毕业生到基层工作的长效机制。

加大高校毕业生"三支一扶"计划招募力度。全面落实好高校毕业生"三支一扶"计划相关政策，将符合条件的优先推荐纳入高校毕业生基层成长计划后备人才库。专门为乡村发展引进优秀高校毕业生，并配套相应的培养支持政策。鼓励支持高校毕业生返乡创业，对创办企业的，要尽量简化程序、手续，并给予创业扶持政策。

（五）加强乡村干部队伍建设

加强乡村工作队伍建设，提高乡村干部队伍能力。要把懂农业、爱农村、爱农民作为基本要求，加强乡村工作干部队伍的培养、配备、管理、使用。

各级党委和政府主要领导干部要懂乡村工作、会抓乡村工作。其中，关键是加强乡镇干部、村干部队伍建设。乡镇干部是党在农村基层的执政骨干、联系群众的桥梁和纽带，村干部是农民群众的"领头雁"。"上面千条线，下面一根针"，乡镇干部、村干部就是那根须臾不可离的"绣花针"。要进一步激发乡镇干部、村干部、干事的创业热情，充分发挥他们在乡村振兴中的关键作用。

（六）广泛培养乡土人才

对各地存量人才进行摸底，把退役军人、高中以上毕业生、外出务工返乡有一技之长的人员、企业下岗人员以及各领域能工巧匠、传统技艺传承人作为乡土人才培育对象，邀请"三农"领域的专家学者和"土专家""田秀才"集中进行系统培训，提升乡土人才文化素质、生产劳动技能，使之成为实践操作经验丰富的农村实用人才。

（七）大力培育新型职业农民

建立健全职业农民制度，培育新一代热爱农业、懂科技的新型职业农民，改善农业从业者结构。加强对农民的教育培训工作，造就一批农村实用人才的领军人物。培育一支有文化、会管理、能创业、敢创新、守纪律的农村实用型干部队伍。鉴于我国农村实用人才队伍的整体素质不高、示范带动能力弱等现状，村组干部、农民专业合作组织带头人、大学生村官担任是关键，注重培育乡村振兴迫切需要的带头人队伍。加大对农村实用型人才培养投入力度，不断探索培养农村实用人才带头人的新方法、新路子。

各省（区、市）要积极组织培养本地农村实用人才带头人。各地各部门要以培育新型职业农民为重点，大力提升农村实用技术人才队伍建设水平。注重引导农村实用人才带头人率先致富，引领农民群众落实乡村振兴，着力培养大批敢于创业、善于经营、能带领群众发家致富的复合型人才。加快培育新型职业农民和专业技术人才队伍，提升农村劳动力整体素质和就业竞争能力。围绕现代农业建设的需求和新时代"三农"工作实际，大力培育新型职业农民、专业合作社成员、家庭农场经营者等一批有文化、懂技术、会经营的乡土优秀人才。与农业规模化、专业化发展趋势与产业结构调整要求相适应，以提高土地产出率、资源利用率高、劳动生产率为目标，注重农村生产型人才的培育。大力培育新型职业农民，通过政府引导和市场配置方式，促进农村青年劳动力转移就业，积极鼓励支持大学生到村任职。培育乡村产业发展迫切需要的种植、养殖、加工能手。加强对新型职业农民的培训，引导他们成为现代农业生产经营管理的主体力量。重视各类农业产业项目的实施，培育农村生产型人才。扶持农村专业技术协会，提供农业实用技术咨询、技术指导和技术培训，发挥农村专业技术协会对农村实用人才培养的作用。

积极开展农业实用技术的交流活动，激励农业技术骨干、科技示范户、种养能手开办农家课堂，开展现场技术指导。大力实施"一村一品"战略，加快培育一批优势特色的农产品产业带，带动区域经济发展。积极开展农村经营型人才培养工作。大力扶持新型职业农民培育工作。顺应农业产业化、市场化的发展需要，重点提高经营管理水平，增强市场开拓能力，注重农村经营型人才的培育。加快推进农产品批发市场的规范化建设，健全完善农产品质量安全追溯制度，加强市场监管，保障农产品质量安全。以农产品市场体系建设为基础，加强农产品经纪人培训，提升他们的营销能力，推动农产品流通，激活农村市场。通过政策激励、加强培训教育等途径，大力培育一批有文化、懂技术、会管理的新型农民。加强农民专业合作组织负责人培训，增强他们的组织带动能力、专业服务能力及市场应变能力，指导农民专业合作组织正常发展。鼓励、扶持以农村实用人才带头人为主体的专业合作组织，积极支持广大农村实用人才的自主创业。加强对农民合作社经营管理人员的培训，提升其素质与业务能力。加快推进农村技能服务型人才的培养。

与农业的产业化、标准化、信息化、专业化发展要求相适应，着眼于职业技能的提升，加快动物防疫员、植物病虫害综合防控员、农村信息员、农产品质量安全检测员、肥料配方师、农机驾驶操作与维护能手、农村能源工作人员和农产品加工仓储运输工作人员、农村多种技能服务型人才的培训步伐。

（八）多形式使用人才

配强三农队伍。把优秀人才充实到"三农"战线，把精锐力量充实到基层一线，把熟悉三农工作的干部充实进地方各级党政班子，确保地方党委和政府主要负责同志懂三农工作、会抓三农工作，确保分管负责同志成为三农工作的行家里手。

加大农业领域高层次人才引进和科技副职选派力度，对农业科技推广人员探索"县管乡用、下沉到村"的新机制，全面选派乡村指导员，建立城市医生、教师、科技人员定期服务乡村机制，推动各类人才向农村流动。对巩固拓展脱贫攻坚成果和乡村振兴任务重的村，继续选派驻村第一书记和工作队，健全常态化驻村工作机制。

（九）鼓励自主创业

认真执行落实鼓励支持有关人员到贫困地区领创龙头企业或合作社的工作要求，进一步放宽机关单位专业技术人才离岗或在职领办（创办）企业条件，积极帮助解决融资贷款、流转土地、资格申请等方面的问题，给予更大力度的税收补贴等政策优惠，鼓励支持更多机关单位专业技术人员离岗或在职领办（创办）农民专业合作社、种养企业、家庭农场或农产品加工企业，在经济待遇、政治待遇、荣誉表彰、职称评定等方面给予政策倾斜。加大与科研院所、高等院校合作、创新合作机制、建立专家工作站、人才实践平台推进农业科技研发、课题攻坚、成果转化、聚力乡村创新。

第六节　脱贫攻坚与乡村振兴工作机制的有效衔接

一、做好领导体制衔接

（一）脱贫攻坚责任体系

1. 中央统筹

党中央、国务院的主要职责是协调制订扶贫工作的大政方针，制订重要的政策举措，健全体制机制，谋划重大工程项目，协调全局性的重大事项、全国性的共性问题。

国务院扶贫开发领导小组综合协调全国扶贫工作，建立和完善扶贫成效考核、贫困县约束、监督巡查、贫困退出等工作机制，组织开展省级党委、政府扶贫开发成效评估，组织实施扶贫督查巡查、第三方评估等工作，向党中央、国务院汇报。

国务院扶贫开发领导小组打造精准扶贫、精准脱贫大数据平台，建立各部门之间的信息互联共享机制，健全农村贫困统计监测制度。

中央纪委机关负责脱贫攻坚监督执纪问责工作，最高人民检察院集中开展扶贫领域职务犯罪的整治与防范工作，审计署开展脱贫攻坚政策落实及资金重点项目跟踪审计。

2. 省负总责

省级党委、政府全面负责本区域的脱贫攻坚工作，并且保证责任制的层层落实，全面贯彻落实党中央、国务院脱贫攻坚大政方针的决定，根据本区情况，拟订政策措施，按照脱贫目标任务，编制并组织实施省脱贫攻坚滚动规划、年度计划。各级各部门要按照"五个一批"要求，坚持问题导向，突出精准施策，创新体制机制，强化责任担当，力求高质量打赢脱贫攻坚战，为如期实现脱贫攻坚目标提供坚强有力的保障。省级党委、政府主要领导与中央签订脱贫责任书，每年将扶贫脱贫工作进展情况上报中央。

省级党委、政府要对财政支出结构进行调整，建立扶贫资金的增长机制，厘清省级扶贫开发投融资主体、保障扶贫投入力度，适应脱贫攻坚任务的需要；协调利用扶贫协作、对口支援、定点扶贫及其他资源，广泛发动社会力量投入脱贫攻坚工作。

省级党委、政府加大扶贫资金的拨付和使用力度，对项目实施管理进行检查、监督、审计，对扶贫领域内的违纪违规行为进行及时整改处理。

3. 市县抓落实

市级党委、政府负责域内跨县扶贫项目的组织协调，对于项目的执行、资金的使用与管理、脱贫目标任务的实现情况进行督促、检查、督办。

县级党委、政府要担负起脱贫攻坚的主要责任，负责拟订脱贫攻坚的实施规划，实现各种资源要素的优化配置，组织实施各项政策，县级党委、政府主要领导为第一责任人。

县级党委、政府要坚持以党建促发展、以脱贫攻坚为抓手，加强贫困村基层党组织建设，配强、配稳基层干部队伍。

县级政府要建设扶贫项目库，整合财政涉农资金，建立和完善扶贫资金项目信息公开制度，承担扶贫资金管理监督的主要职责。

（二）构建职责明晰的乡村振兴责任体系

1. 实行中央统筹、省负总责、市县乡抓落实的农村工作领导体制

党中央定期研究农村工作，每年召开农村工作会议，根据形势任务研究部署农村工作，制订出台指导农村工作的文件。党中央设立中央农村工作领导小组，在中央政治局及其常务委员会的领导下开展工作，对党中央负责，向党中央和总书记请示报告工作。

各省（区、市）党委和政府每年向党中央、国务院报告乡村振兴战略实施情况，省以下各级党委和政府每年向上级党委和政府报告乡村振兴战略实施情况。各级党委应当完善农村工作领导决策机制，注重发挥人大代表和政协委员的作用，注重发挥智库和专业研究机构的作用，提高决策科学化水平。

2. 坚持五级书记抓乡村振兴

制订落实五级书记抓乡村振兴实施细则，省、市党委书记履行好主体责任，牵头抓好目标制订、资金投入、考核监督、督促检查等工作；县委书记要把主要

精力放在农村工作上，当好乡村振兴一线总指挥，及时研究解决"三农"重大问题，做好组织实施；乡镇党委书记发挥好关键作用，集中精力抓重点工作、重点任务落实；村党组织书记立足本村实际，积极主动开展工作，推动各项措施落地，要将基层党建与脱贫攻坚成效巩固、乡村振兴同研究、同部署、同推动，建立客观反映乡村振兴进展的指标和统计体系，对各地实施乡村振兴战略情况进行动态监测、分级评价。出台党政领导班子和领导干部推进乡村振兴战略的实绩考核意见，并加强考核结果应用。

3. 强化行业部门的联动协作

建立"五大振兴"工作专班，明确由农业农村部门负责产业振兴、组织部门负责人才振兴和组织振兴、宣传部门负责文化振兴、环保部门负责生态振兴，督促其对各自的领域负责，确保行业部门政策落到实处，努力形成党委统一领导、各部门积极参与、齐抓共促的工作格局，坚决把党管农村工作的要求落到实处。

建立各行业部门联动协调机制，强化对边缘人口和特殊困难群体防贫监测预警，监测识别存在返贫风险的脱贫人口和新增贫困风险因素，制订针对化的措施，开展"精准化"的巩固提升。

4. 凝聚各方力量参与乡村振兴

动员和凝聚全社会力量广泛参与。要将"一个不能少"的理念贯穿乡村振兴的全过程，建立统一的要素资源配置体系，整合各类要素资源，优化帮扶措施和要素投入机制，着力构建区域性党建协同体系。要通过结对联合共建，实施机关帮乡村、企业帮村、富村帮穷村、强村帮弱村的联合党组织模式，强化协同作战职能，激发机关企业富村强村责任感，激活穷村弱村发展活力。

脱贫攻坚实践证明，驻村工作机制既能解决基层党组织力量薄弱短板，又能有效锻炼一批干部。在推进乡村振兴中，要继续开展结对帮扶工作，党委主要领导带头、单位支部结对、党员干部帮扶，将扶贫工作队转为乡村振兴工作队，健全队伍动态调整机制，完善考核选拔任用制度。

5. 突出农民的主体作用

实施乡村振兴战略，核心是解决三农问题。无论是发展产业，还是引进投资，或者是资本合作，都不能忽视农民这个重要群体，都要始终以维护农民的核心利益为基本原则。因而，在推动乡村振兴进程中，必须始终坚持农民主体地位不动摇，始终把农民的切身利益摆在首位，绝不能以牺牲农民的利益来换取乡村的繁荣发展。要树立农民是乡村振兴实践的参与主体、成果的享受主体和效果的评价主体的理念，任何一个环节都要始终坚持农民受益这一标准，这是农民主体地位的充分体现。要充分发挥群众的主观能动性，激发群众内生动力。

二、做好工作体系衔接

（一）持续建强基层组织体系

党的农村基层组织是党在农村基层组织中的战斗堡垒，是党在农村的全部工作和战斗力的基础。要将党的领导的政治优势转化为抓乡村振兴的行动优势，汇聚全党全社会力量推进乡村全面振兴。

1. 强化政治引领

强化农村基层党组织的领导核心地位，充分发挥基层党组织政治功能，使农村基层党组织成为落实党的路线方针政策和各项工作任务的坚强战斗堡垒。突出政治引领，进一步加强政治建设和思想建设。不断加强党内教育，组织农村基层党组织和广大党员用党的创新理论武装头脑，牢固树立四个意识，坚定四个自信，做到四个服从，坚持党要管党、全面从严治党，以提升组织力为重点，突出政治功能，努力成为宣传党的主张、贯彻党的决定、领导基层治理、团结动员群众、推动改革发展的坚强战斗堡垒。

2. 构建严密的基层组织体系

推进脱贫攻坚与乡村振兴有效衔接，必须形成上下贯通、执行有力的严密组织体系，使党的领导"如身使臂，如臂使指"。要进一步推动党的组织有效嵌入农村各类社会基层组织，使党的工作有效覆盖农村社会各类群体，加强村民自治组织和群团组织建设，规范村务监督委员会运行机制，建立健全农村集体经济组织。

3. 常态化整顿软弱涣散基层党组织

紧紧围绕巩固脱贫成果、促进乡村振兴，常态化、长效化开展软弱涣散村党组织整顿工作，采取有力措施，明确整治重点，精准整治对象，集中力量突破重点难点问题，打好"当下改"和"长久立"的组合拳。建立软弱涣散基层党组织"五级预警"机制。

4.高标准推进支部标准化规范化建设

围绕农村党支部标准化规范化建设标准，结合村级组织建设一任务两要点三清单，针对党支部建设涉及的基本组织、基本队伍、基本载体、基本保障、基本制度等内容，制订一支部、一策略、一责任人精准推进措施，在农村领域持续推动村党支部标准化规范化建设。

各地可探索建立市县乡党委（党组）书记和班子成员联系村级党支部工作，推动各级党组织带头履行"第一责任人"和"一岗双责"责任，找准"点"、连好"线"、带动"面"，切实发挥党员领导干部在党支部建设中的示范带动作用，提高基层党支部建设质量。

（二）全力推动村级集体经济发展提质增效

1.精准选好特色优势产业

坚持质量兴农、绿色兴农，以农业供给侧结构性改革为主线，用好用活产业革命"八要素""五个三"工作要求，加快建成能够助推产业兴旺和支撑乡村振兴的基础性工程——集体经济。各村顺应产业发展规律，围绕本地优势和特色资源，牢牢把握产业革命"八要素"，紧紧围绕生态茶、生态畜牧业、中药材、蔬果、食用菌、油茶等特色产业，积极打造"一县一业""一乡一特""一村一品"的特色产业经营体系，让农民分享更多产业增值收益。

2.全面推广"村社合一"模式

采取"清产核资、动员申请入社、社员变股东、折股量化、推选股东代表、选举理事会监事会成员、登记赋码"步骤，完成"村社合一"规范组建，打牢"村社合一"的基础。广泛汇聚组织、社会、市场力量、推动生产力与生产关系高度契合，农村各种生产要素深度整合，农村供给侧与需求侧有机结合，实现组织化、市场化、社会化有效融合。

（三）继续选派驻村第一书记和工作队

对于脱贫村和易地扶贫搬迁安置村（社区），继续选派第一书记和工作队，以乡村振兴重点县脱贫村为抓手，加强选派工作。根据各地区经济发展水平，因地制宜调整派出数量和时间安排。对于其中巩固脱贫攻坚成果任务较轻的村庄，可以根据实际情况适当减少选派人数。在此基础上，加强驻村工作指导，强化组织保障。各地区要遴选一批乡村振兴任务艰巨的村庄，选派第一书记或工作队，起到示范带动作用。对于党组织涣散的村庄，按常态化、长效化的方式进行整顿和建设，继续全覆盖选派第一书记。对于其他类型的村庄，各地区可以结合实际需要，安排选派。

第一书记和工作队员人选的基本条件：政治素质好，坚决贯彻执行党的理论和路线方针政策，热爱农村工作；工作能力强，敢于担当，善于做群众工作，具有开拓创新精神；事业心和责任感强，作风扎实，不怕吃苦，甘于奉献；具备正常履职的身体条件。

第一书记和工作队员主要从省市县机关优秀干部、年轻干部中优先选派有农村工作经验或涉农方面专业技术特长的。中央和国家机关各部委、人民团体、中管金融企业、国有重要骨干企业和高等学校，有定点帮扶和对口支援结对任务的，每个单位至少选派1名优秀干部到村任第一书记。

选派第一书记和工作队员，按照个人报名和组织推荐相结合的办法，由派出单位组织人事部门提出人选，同级党委组织部门会同农办、农业农村部门及乡村振兴部门进行备案，派出单位党委（党组）研究确定。各地区各部门各单位党委（党组）及组织部门、农办、农业农村部门及乡村振兴部门，要严把人选政治关、品行关、能力关、作风关、廉洁关，充分考虑年龄、专业、经历等因素，确保选优派强。县级党委和政府要根据不同类型村的需要，对人选进行科学搭配、优化组合，发挥选派力量的最大效能。

三、做好规划实施和项目建设衔接

（一）做好乡村振兴的规划引领

1. 长短结合制订规划

围绕各个时间节点，制订好长期与短期相结合的规划方案。长期规划重在明确方向、思路、政策，明确"实施乡村振兴战略"的规划主体，加强对规划工作的领导和指导，发挥规划过程中的统筹、协调作用，增强规划的可行性和长远性，让规划经得起时间和实践的检验。短期规划要定好举措、方法、路径，统筹考虑好产业布局、生态环保、文化建设、社会治理、村级活动场所等功能分布，确保规划的一体性、科学性、实用性。规划方案形成过程中要广泛征求乡村一级意见建议，确保聚民智顺、民意。

2. 上下结合制订规划

国家层面对乡村振兴作出"四梁八柱"的政策设计，从制度和法规体系方面为乡村振兴保驾护航，基层在制订乡村振兴规划时，必须充分理解顶层设计对实施乡村振兴战略的重大意义、总体要求、目标任务、基本原则、具体内容、推进举措等，然后紧紧结合地方实际，分步分类制订发展规划，保持一张蓝图绘到底、一鼓作气抓到底。

3. 左右结合制订规划

乡村规划需要立足于一村，但不能偏安于一村，应联系左右村寨，把地形相同、产业相似、功能相近的村整合起来，抱团发展。值得警惕的是，乡村规划不能千篇一律，更不能搞"一刀切"、大而同，避免同质竞争。

（二）做好重大举措和重大工程项目的衔接

各地区要将实现巩固拓展脱贫攻坚成果同乡村振兴有效衔接的重大举措纳入"十四五"规划，将持续巩固脱贫人口稳定就业、支持脱贫地区特色产业发展、易地搬迁后续帮扶等重大工程项目纳入"十四五"项目库以及相关的专项规划中，并分解落实到各个年度，细化重点工作和目标任务，分步有序组织实施。

（三）编制"十四五"时期有效衔接规划

科学编制"十四五"时期巩固拓展脱贫攻坚同乡村振兴有效衔接的规划，做好与"十四五"规划纲要和相关专项规划的衔接，统筹财政投入、金融服务、土地支持、人才智力、产业项目、基础设施、公共服务等资源，确保规划的各项目标任务落到实处。

四、做好考核机制衔接

（一）完善考核评价机制

脱贫攻坚任务完成后，脱贫地区开展乡村振兴考核时，要把巩固拓展脱贫攻坚成果纳入市县党政领导班子和领导干部推进乡村振兴战略实绩考核范围。

（二）科学设置考核制度

科学的考核制度是推动工作落实的制度保障。要将脱贫攻坚中探索形成的部门职责、岗位目标、成效评估等管理模式衔接到乡村振兴中来，形成一套适合乡村振兴的考核机制，让乡村振兴始终在规范的制度内运行。

1.建立部门职能与岗位职责相匹配的指标评价机制

乡村振兴是一盘大棋，涉及的行业部门众多，需要建立一个部门职能与岗位职责相匹配的指标评价机制，才能推动知责明责、履职尽责。

在部门指标方面，紧紧围绕产业振兴、人才振兴、文化振兴、生态振兴、组织振兴目标任务，聚焦各部门主责主业，在充分调研和征求意见建议的基础上，将各地各部门实施乡村振兴的目标任务逐项列出来、项目化、清单化。

在岗位指标方面，按照权责一致的原则，根据岗位类型、工作目标、岗位职责，将部门乡村振兴工作目标细化分解到具体岗位，科学合理制订可量化、可操作的岗位责任清单，明确岗位人员、职能职责、承担工作目标事项，具体工作要求、完成时限等细化到岗、落实到人，并采取自下而上的方式，建立责任工作承诺制，层层签订责任状，作为研判干部担当的主要依据。不管是部门指标还是岗位指标，都要纳入年初工作计划，上报督查督办部门，便于跟踪督促落实。

2.建立年度考核与专项考核相统一的成效评估机制

乡村振兴涉及的产业兴旺、生态宜居、乡风文明、治理有效、生活富裕，5个方面20字要求，每一个方面都需要项目来支撑。有的是短期项目，一年或几年内完成。有的是长期项目，贯穿乡村振兴全过程。科学设置考核指标，实现评价精准。对年度考核任务，纳入年度目标考核任务，实行一月一调度、半年一小结、年终考评的方式，动态跟踪任务完成情况。对专项考核任务，可根据任务的总体规划实行过程考核，分条块分时段进行考核。比如项目的规划、选址、基建、资金筹集、推进进度等，确保每个时段都按照计划进行。

需要注意的是，考核应历史辩证、客观公正，既要看个人贡献与集体作用、主观努力与客观条件、任务完成与质量效益，又要看显绩与潜绩、发展成果与成本代价等情况，注重了解人民群众对项目实施的真实感受和评价，防止简单以任务完成情况确定考核结果。

3.建立正向激励与负向惩戒相协调的动态监管机制

坚持正向激励与负向惩戒相结合，按照接续保留一批、调整完善一批、转换退出一批的思路，分类做好政策统筹衔接，形成奖惩分明的激励约束机制。在正向激励方面，严格执行落实关于激励干部担当作为的政策规定，把乡村一线作为培养锻炼干部的大熔炉，树立面向基层、崇尚实干的选人用人导向。

提高乡村一线干部在评先选优中的比例，落实好优先选拔任用、职务与职级并行、经济待遇、健康体检、安全教育、带薪休假、购买保险和容错纠错等政策措施，真正让吃苦的吃香、优秀的优先、有为的有位、能干的能上，推动基层组织、干部人才、资源要素从脱贫攻坚向乡村振兴转移。建立组织部部务会成员与乡村一线干部谈心谈话制度，实现省遍访县、市遍访乡、县遍访村，及时掌握乡村一线干部思想工作动态，积极帮助解决存在难题。

在负向惩戒方面、综合运用巡视巡察、审计审查、绩效管理、工作督查、相关部门业务考核等手段，加强对干部在乡村振兴中履职情况进行督促检查，对在履行部门和岗位职责中不作为、慢作为、乱作为、严重失职失责的干部，纳入领导干部负面清单，该调整的调整，该问责的问责。努力形成人人参与、人人尽责、人人共享的良好格局，为顺利推进乡村振兴凝聚磅礴力量。

（三）强化考核结果运用

强化考核结果运用，要将考核结果作为干部选拔任用、评先奖优、问责追责的重要参考。

1.将考核结果与干部选拔任用相结合

实事求是考核，让事实说话，将脱贫攻坚考核结果作为乡村振兴领导班子调整配备、干部选拔任用、补充人选等工作的重要依据。让优秀的领导班子和领导干部涌现出来，也让运行状况不好、凝聚力不强的领导班子和不担当不作为的领导干部凸显出来，最大程度保证考核结果的科学性、真实性和准确性。

在年度考核中考核评定为"优秀"等次的干部和"记三等功"的干部在干部调整配备工作中同等条件下优先考虑，领导干部年度考核结果为基本称职等次的，对其进行诫勉，限期改进。不断优化干部队伍配置，切实提高领导干部的能动性和创造力。

2.将考核结果与干部评先奖优相结合

落实考核激励政策，将考核结果与科学发展业绩奖挂钩，把脱贫攻坚综合考核结果作为领导班子和领导干部评先评优的重要依据。乡镇、县直部门（单位）领导班子年度考核分优秀、一般和较差3个等次，领导班子被评为优秀等次的，其领导干部被评为优秀等次的比例可以适当上调；领导班子被评为一般等次的，领导干部不得评为优秀等次；领导班子为较差等次的，其领导干部不得评为优秀等次，主要负责人不得确定为称职及以上等次。

乡镇、县直部门（单位）领导干部年度考核为优秀等次的，由县委县政府给予"嘉奖"并发放奖金，连续3年考核为优秀等次的领导干部，由县委县政府"记三等功"并发放奖金；考核为不称职和不定等次的，一律取消科学发展业绩奖。

3.将考核结果与干部问责追责相结合

将考核结果通过个别谈话、工作通报、会议讲评等方式，实事求是地向领导班子和领导干部反馈。针对在脱贫攻坚考核中考核结果为一般及以下等次的领导班子和基本称职及以下等次的领导干部，及时约谈，追责问责，督促整改，并视情况取消评先评优、提拔任用资格等。

参 考 文 献

[1] 许维勤.乡村治理与乡村振兴 [M].厦门：鹭江出版社，2020.

[2] 刘祥作.乡村振兴实施路径与实践 [M].北京：中国经济出版社，2022.

[3] 陆汉文.脱贫攻坚战略与政策体系 [M].北京：中国农业出版社，2018.

[4] 狄国忠.脱贫富民战略 [M].银川：宁夏人民出版社，2019.

[5] 蒋高明.乡村振兴：选择与实践 [M].北京：中国科学技术出版社，2019.

[6] 王智猛.脱贫攻坚与乡村振兴的理论与实践 [M].成都：四川大学出版社，2021.

[7] 陈明星.脱贫攻坚与乡村振兴的河南路径 [M].北京：社会科学文献出版社，2021.

[8] 黄承伟.一个不落：决战决胜脱贫攻坚的理论与实践 [M].南宁：广西人民出版社，2021.

[9] 杨照东.立足"三农"，推动乡村振兴：中国农业农村经济发展创新研究 [M].北京：中国商务出版社，2019.

[10] 代改珍.乡村振兴规划与运营 [M].北京：中国旅游出版社，2018.

[11] 林万龙，梁琼莲，纪晓凯.巩固拓展脱贫成果开局之年的政策调整与政策评价 [J].华中师范大学学报（人文社会科学版），2022，61（1）：31-39.

[12] 王介勇，戴纯，刘正佳，等.巩固脱贫攻坚成果，推动乡村振兴的政策思考及建议 [J].中国科学院院刊，2020，35（10）：1273-1281.

[13] 李博，苏武峥.欠发达地区巩固拓展脱贫攻坚成果同乡村振兴有效衔接的治理逻辑与政策优化 [J].南京农业大学学报（社会科学版），2021，21（6）：71-79.

[14] 王静，方冰雪，罗先文.乡规民约促进脱贫成果巩固的机制研究——基于重庆市巫溪县实践的透视 [J].农业经济问题，2022（2）：85-96.

[15] 徐持平，徐庆国，陈彦塑.巩固脱贫成果与乡村振兴有机衔接策略研究 [J].中国集体经济，2021（33）：1-2.

[16] 杜婵，张克俊.新发展阶段巩固拓展脱贫攻坚成果的多重逻辑、科学内涵与实现维度 [J].农村经济，2021（10）：62-72.

[17] 吴宇，许元博.后扶贫时代巩固脱贫成果的动态模式 [J].河北大学学报（哲学社会科学版），2021，46（2）：79-84.

[18] 龙花楼，陈坤秋.实现巩固拓展脱贫攻坚成果同乡村振兴有效衔接：研究框架与展望 [J].经济地理，2021，41（8）：1-9.

[19] 邢成举，李小云，史凯.巩固拓展脱贫攻坚成果：目标导向、重点内容与实现路径 [J].西北农林科技大学学报（社会科学版），2021，21（5）：30-38.

[20] 孙久文，李方方，张静.巩固拓展脱贫攻坚成果加快落后地区乡村振兴 [J].西北师大学报（社会科学版），2021，58（3）：5-15.

[21] 解文慧.巩固脱贫攻坚成果与乡村振兴的有效衔接 [D].延安：延安大学，2021.

[22] 胡鑫.乡村振兴战略人才支撑体系建设研究 [D].长春：吉林大学，2021.

[23] 管文行.乡村振兴背景下农村治理主体结构研究 [D].长春：东北师范大学，2019.

[24] 郭帅臻.脱贫成果巩固拓展背景下精准扶持实施的优化研究 [D].南京：东南大学，2021.

[25] 彭海芸.脱贫攻坚与乡村振兴有机衔接视角下脱贫不稳定户脱贫成果巩固研究 [D].成都：西南财经大学，2020.

[26] 张婷婷.我国乡村振兴的金融支持问题研究 [D].长春：吉林大学，2021.

[27] 范丹丹.乡村振兴背景下"三农"短视频发展策略研究 [D].北京：中国政法大学，2021.

[28] 林虹霞.乡村振兴战略背景下脱贫地区防治返贫长效机制的构建研究 [D].重庆：重庆交通大学，2022.

[29] 周松.国家治理现代化视角下 L 市巩固脱贫成果与乡村振兴有效衔接研究 [D].贵阳：贵州大学，2021.

[30] 刘欢.乡村振兴视域下乡风文明建设研究 [D].长春：吉林大学，2021.